エンカウンター・グループ
仲間関係のファシリテーション

安部恒久

九州大学出版会

まえがき

　本書は，これまでに焦点を当てられることのなかった既知集団（仲間関係）を対象としたエンカウンター・グループのグループ・プロセスとファシリテーションを明確にしようと試みたものである。

　これまでのエンカウンター・グループ研究は，見知らぬ人々が集い，お互いの自己開示を通して，「出会い」と呼ばれる深い心理的接触体験を経験する未知集団を対象としたものであった。しかし一方で，エンカウンター・グループは見知らぬ者ばかりが集う場ではなく，本書で展開するように，日常生活において顔見知りの者が参加して，研修や授業などでも実施されている。しかしながら，そのようなエンカウンター・グループの研究は，これまで十分に行われていない。

　既知集団のエンカウンター・グループを，未知集団のエンカウンター・グループと同様なかたちでファシリテーターが促進しようとすると，思わぬ困難に直面せざるをえない。グループ・プロセスは，十分に展開せず，とくに導入期においてファシリテーターは苦労することになる。またメンバーにとっても，期待したようなグループ体験に対する満足感は得られないままに終わることが多い。すなわち，既知集団のエンカウンター・グループには，既知集団のエンカウンター・グループとしての独自のグループ・プロセスの理解と，ファシリテーション技法の開発が求められるのである。

　本書は，4部から構成されている。
　第Ⅰ部では，既知集団を対象としたエンカウンター・グループの特質を，グループ構造に着目して明確にした。第Ⅱ部では，グループ（全体）によるファシリテーターの受容プロセスを，加入プロセスと共存プロセスの二

つに分けて，グループ事例による検討を行った。

また，第Ⅲ部では，グループ（全体）によるメンバーの受容プロセスを，加入プロセスと共存プロセスに分けて事例検討を行い，さらにグループ（全体）によるファシリテーター受容の非典型事例と典型事例を追加して述べた。

最後に，第Ⅳ部の総合的考察では，既知集団を対象としたエンカウンター・グループのグループ・プロセス，及び既知集団を対象としたエンカウンター・グループのファシリテーション技法の公式化を試み，図表化して提示した。

本書の特徴を構成に沿って，手短に述べてみよう。

第一に，既知集団を対象としたエンカウンター・グループのグループ構造を，「スケープ・ゴート構造」という概念によって特徴づけた。

既知集団を対象としたエンカウンター・グループでは，既に日常生活を通して人間関係が出来上がっており，グループ体験でメンバーが自分をわかってもらおうとすることは，必然的に「メンバー（ファシリテーター）対グループ全体」というグループ構造を生み出す。

すなわち，エンカウンター・グループ体験では，自己開示を通して自分を出そうとすればするほど，メンバー個人は（ファシリテーターも），スケープ・ゴートになるリスクを負うことになる。しかしながら，このスケープ・ゴートになるという体験を克服することによって，より高い自分に成長することが可能であるともいえる。

本来，エンカウンター・グループは，自己開示したメンバーをグループ全体が支えるという性質のものである。しかしながら，わかってもらおうとすること（自己開示を受け止めること）が困難な場合には，メンバーはスケープ・ゴートになる危険性をもっており，その点に着目して「スケープ・ゴート構造」と名づけた。

したがって，ファシリテーターには，このスケープ・ゴート構造への働きかけとして，メンバー個人とグループ全体の両方へのファシリテーショ

ン技法が求められる。エンカウンター・グループは当然のことながら，個人の心理的成長を援助するのであるが，グループを媒介とした援助技法であり，ファシリテーターにはグループのもつ特徴を理解し，その利点を最大限に活かす工夫が必要となる。

第二に，既知集団を対象としたエンカウンター・グループのグループ・プロセスの特徴を「加入」および「共存」のプロセスとして明確にした。

本書では，ファシリテーターおよびメンバー個人が，グループ全体に「加入」および「共存」するプロセスに焦点を当てた。心理臨床の学習においては，「受容」ということが強調されるが，グループ・アプローチにおいては，ファシリテーターはグループのなかに，どのように加入し，仲間として認められるかが問われる。これは学校あるいは病院や企業などの組織や機関に，カウンセラーとして入っていく場合を想定するとわかりやすい。

相手先の組織や機関が，ファシリテーターを受けいれる（受容する）のであって，ファシリテーターは，あくまでも入っていく（加入する）のである。どのように入っていけば，拒否されたり，相手に余計な侵入をされる不安を引き起こすことなく，受けいれられるだろうか，というのがファシリテーターの課題である。

第三に，既知集団を対象としたエンカウンター・グループのファシリテーション技法として，加入のプロセスにおいては，「ひとり二役の自己開示」を提示した。

ファシリテーターがグループに加入するプロセスでは，ファシリテーターの働きかけとして「ひとり二役の自己開示」を提示し，強調した。というのも，エンカウンター・グループのファシリテーターは，とにかく自己開示すればよいのだ，という安易なファシリテーター像が流布している危うさを筆者は感じるからである。

自己開示することが狙いではなく，あくまでも自己開示することによって，メンバーとの関わりが生まれてくるのが目的であり，そのためには，自己開示するだけでなく，ファシリテーターは自分の自己開示をメンバーに「つなぐ」ひとり二役の働きかけが，既知集団を対象としたエンカウンター・グループでは求められるのである。このことを著者は，「ひとり二役の自己開示」と表現した。

　第四に，共存のプロセスにおけるファシリテーション技法として，違い（個別性）への働きかけを強調した。
　ファシリテーターおよびメンバーはそれぞれが違いを持った存在であることを個別性という言葉で表現した。
　したがって，ファシリテーターの在り方として，「ファシリテーターはメンバーになる」と一般にエンカウンター・グループで用いられる表現について，「ファシリテーターはメンバーになる。しかし，さらにメンバーとは違った特徴（個別性）を持ったメンバーになる」という表現の追加を試みた。
　エンカウンター・グループのファシリテーターはメンバー化することによって，あたかもファシリテーターは何もしなくてよいのだといった狭い見方が生じたり，あるいは，ファシリテーターは全く個性の感じられない存在とみなされたりなどの，誤解を訂正したいと思ったからである。
　このことはメンバーについても同様であり，エンカウンター・グループに参加することによって，メンバーは集団化してしまい個性を失う，あるいはみんな同じような行動をする人間が生まれるのではないということである。
　既知集団を対象としたエンカウンター・グループは，仲間関係を大切にするとともに，自分の個別性をも尊重する活動であることを，図式化することによって明示した。

本書は，まだ試論の域を出ないが，これからグループ・アプローチに関心を持ち，自分のレパートリーに加えようとする人々，とくに既知集団を対象としてグループ実践を試みる人々のヒントや励ましに，本書がなれば幸いである。

　なお，本書の題名は，既知集団における仲間関係の発展をより強調したかたちで，「エンカウンター・グループ－仲間関係のファシリテーション－」とさせていただいた。

図表一覧

図1　未知集団EGと既知集団EGのグループ構造の比較 ……………… *24*
図2　ファシリテーター加入のためのファシリテーション ……………… *43*
図3　ファシリテーター共存のためのファシリテーション ……………… *72*
図4　メンバー加入のためのファシリテーション ……………… *83*
図5　メンバー共存のためのファシリテーション ………………*100*
図6　仲間体験の発展 ………………*140, 141*
図7　仲間関係の発展 ………………*142, 143*
図8　ファシリテーターの加入・共存・退出プロセス ………………*184*

表1　日本におけるエンカウンター・グループの発展 ……………… *14*
表2　本研究の対象事例（8事例）………………*17, 18*
表3　既知集団EGにおける仲間体験と仲間関係の発展 ………………*139*
表4　未知集団EGの発展段階（村山・野島，1977；野島，2000）との比較　*147*

目　次

まえがき …………………………………………………………………… i
図表一覧 …………………………………………………………………… xiv

序　論 ……………………………………………………………………… 1

第1節　問題の所在 ……………………………………………………… 1
1．未知集団エンカウンター・グループの発展 ……………………… 1
　　── ファシリテーターの特徴 ──
2．既知集団エンカウンター・グループの試み ……………………… 7
3．既知集団エンカウンター・グループのファシリテーションの困難性 …… 10
4．既知集団エンカウンター・グループの問題点 …………………… 11

第2節　本研究の目的と位置づけ ……………………………………… 13
1．本研究の目的 ………………………………………………………… 13
2．エンカウンター・グループ研究における本研究の位置づけ …… 13

第3節　本研究の方法と対象 …………………………………………… 16
1．方法と対象事例 ……………………………………………………… 16
2．事例選択の理由 ……………………………………………………… 16
3．事例の提示のしかた ………………………………………………… 16
4．本研究対象集団の特質 ……………………………………………… 18

第Ⅰ部　既知集団エンカウンター・グループの特質

第1章　グループ構造に着目した既知集団エンカウンター・グループの特徴 …… 23

第1節　「出会い」の構造の特徴 ……………………………………… 23
1．未知集団エンカウンター・グループの出会いの構造 …………… 23

2．既知集団エンカウンター・グループの出会いの構造 …………… 23

第2節　グループ体験の目標の特徴 ……………………………………… 25
　　　1．仲間に自分をわかってもらう体験 ………………………………… 25
　　　2．日常とは違った仲間関係の形成 …………………………………… 25

第3節　グループ・プロセスの特徴 ……………………………………… 26
　　　1．グループによるファシリテーター受容プロセスが展開する …… 26
　　　2．日常の関係や話題がグループ体験の場に持ち込まれる ………… 26

第4節　ファシリテーター（ファシリテーション）の特徴 ……………… 26
　　　1．とくに導入期での働きかけがグループ体験の成否を決定する … 26
　　　2．個人に対してだけでなくグループ全体への働きかけが求められる ……… 27

第Ⅱ部　グループによるファシリテーター受容プロセスに関する事例的検討

第2章　ファシリテーター加入プロセス ………………………………… 31

第1節　ファシリテーターのグループへの加入の困難性 ……………… 31
　　【事例1】ファシリテーターのスケープ・ゴート事例 ……………… 31
　　　1．グループ構成 ………………………………………………………… 31
　　　2．グループ・プロセス ………………………………………………… 32
　　　3．考　察 ………………………………………………………………… 34

第2節　ファシリテーターのグループへの加入 ………………………… 36
　　【事例2】ゲームを通してグループへの加入を試みた事例 ………… 37
　　　1．グループ構成 ………………………………………………………… 37
　　　2．グループ・プロセス ………………………………………………… 37
　　　3．考　察 ………………………………………………………………… 39

第3節　ファシリテーターの加入プロセスにおけるファシリテーション … 41
　　　1．既知集団におけるファシリテーターの自己開示の特徴 ………… 41
　　　　　――自己開示と「つなぎ」――
　　　2．共通性（共通項）の形成 …………………………………………… 42

第3章　ファシリテーター共存プロセス …………………………… 45

第1節　ファシリテーター加入プロセスから
　　　　　ファシリテーター共存プロセスへ …………………… 45

【事例3】　ファシリテーターが仲間のひとりとして受けいれられた事例 …… 45
1．グループ構成……………………………………………… 45
2．グループ・プロセス……………………………………… 46
3．考　察…………………………………………………… 59

第2節　ファシリテーター共存プロセスからメンバー加入プロセスへ …… 63

【事例4】　ファシリテーターが「グループ（みんな意識）」へ問いかけた
　　　　　事例 ………………………………………………………… 63
1．グループ構成……………………………………………… 63
2．グループ・プロセス……………………………………… 64
3．考　察…………………………………………………… 66

第3節　ファシリテーター共存プロセスにおけるファシリテーション …… 69

1．ファシリテーターの主体性の発揮……………………… 69
　　── グループに問いかけること ──
2．個別性（違い）の尊重 ── メンバー個人の保護 ── …………… 71

第Ⅲ部　グループによるメンバー受容プロセス
　　　　　に関する事例的検討

第4章　メンバー加入プロセス …………………………………… 75

第1節　グループによるメンバー受容 ……………………………… 75

【事例5】　対立しているメンバーの事例 ………………………… 75
1．グループ構成……………………………………………… 75
2．グループ・プロセス……………………………………… 76
3．考　察…………………………………………………… 80

第2節　メンバー加入プロセスにおけるファシリテーション ………… 82
　　　　── メンバー間の仲介 ──

1．「受け止め」と「つなぎ」……………………………… 82
2．個人とグループの両方への働きかけ…………………… 84

第5章　メンバー共存プロセス …………………………………… 87

第1節　グループからの安全感と自己の安心感 ……………………… 87
【事例6】　退却しているメンバーの事例 ……………………… 87
1．グループ構成 …………………………………………………… 87
2．グループ・プロセス …………………………………………… 88
3．考　察 …………………………………………………………… 96

第2節　メンバー共存プロセスにおけるファシリテーション ……… 98
　　　　　── メンバー個人の保護 ──
1．肯定的側面の強調 ……………………………………………… 98
2．メンバーの援助力の活用 ……………………………………… 99

第6章　グループによるファシリテーター受容の
　　　　　非典型事例と典型事例 ……………………………………101

第1節　グループによるファシリテーター受容の非典型事例 ………101
【事例7】　ファシリテーター受容が困難を極め徹夜となった事例 …101
1．グループ構成 ……………………………………………………101
2．グループ・プロセス ……………………………………………102
3．考　察 ……………………………………………………………109

第2節　ファシリテーター受容プロセスからメンバー受容プロセス
　　　　　への典型事例 ……………………………………………………112
　　　　　── 仲間体験と仲間関係の発展 ──
【事例8】　グループによるファシリテーター受容が無理なく進んだ事例 ……112
1．グループ構成 ……………………………………………………112
2．グループ・プロセス ……………………………………………112
3．考　察 ……………………………………………………………119

第3節　ファシリテーションの着目点 ── 共通性と差異性 ── ……126
1．メンバーとメンバーの間の「共通性（同じ）」………………127
2．メンバーとメンバーの間の「差異性（違い）」………………128
3．ファシリテーターとグループの間の「差異性（違い）」……129
4．ファシリテーターとグループの間の「共通性（同じ）」……131

第Ⅳ部　総合的考察

第7章　既知集団エンカウンター・グループの
グループ・プロセス ……………………………………………… *137*

第1節　既知集団エンカウンター・グループの
グループ・プロセスの公式化 ……………………………… *137*

1．グループの構造 …………………………………………………… *137*
2．グループの課題 …………………………………………………… *138*
3．メンバーのファシリテーター体験 …………………………… *138*
4．メンバーの仲間体験 …………………………………………… *144*
5．ファシリテーションの着目点 ── 共通性と差異性 ── …… *144*
6．仲間体験のファシリテーション ……………………………… *145*
7．仲間関係のファシリテーション ……………………………… *145*
8．仲間関係の発展 …………………………………………………… *146*

第2節　未知集団エンカウンター・グループの発展段階
（村山・野島，1977；野島，2000）との比較 ………… *146*

1．「否定的感情の表明」（段階Ⅲ）が顕著ではない ………… *147*
2．グループによるファシリテーター受容プロセスの影響が大きい ……… *148*
3．グループ・プロセスの特徴とエンカウンター・グループの発展 ……… *149*

第8章　既知集団エンカウンター・グループの
ファシリテーション（その1） ………………………………… *151*
── 仲間体験と仲間関係のファシリテーション技法 ──

第1節　仲間体験のためのファシリテーション ……………… *151*

1．メンバーの自発性・グループへの安全感・自己への安心感 ……… *151*
2．メンバーの自発性の意義 ……………………………………… *152*

第2節　仲間関係のためのファシリテーション ……………… *156*

1．ファシリテーター加入のためのファシリテーション ……… *156*
2．ファシリテーター共存のためのファシリテーション ……… *160*

　　　　3．メンバー加入のためのファシリテーション ················162
　　　　4．メンバー共存のためのファシリテーション ················165

第9章　既知集団エンカウンター・グループの
　　　　ファシリテーション（その2） ························175
　　　　── その他のファシリテーション技法 ──

　　第1節　ファシリテーターの「つなぐ」働きかけ ················175
　　　　1．「セッション」と「セッション」をつなぐ ················175
　　　　2．「前回のグループ体験」と「今回のグループ体験」をつなぐ ········176
　　　　3．「ファシリテーター」と「教員」をつなぐ ················177
　　第2節　仲間関係促進のためのゲームの用い方 ················178
　　　　1．仲間関係を促進するゲームの選択 ················178
　　　　2．「自分」に関連づけたゲームの準備 ················180
　　　　3．グループの心理的エネルギーの見立て ················181
　　第3節　ファシリテーターのグループからの「退出プロセス」 ········183
　　　　1．ストレンジャーとしてのファシリテーター ················183
　　　　2．インサイダーとしてのファシリテーター ················185

第10章　まとめと今後の課題 ························187

　　第1節　ま と め ························187
　　　　1．既知集団エンカウンター・グループのグループ・プロセス ········187
　　　　2．既知集団エンカウンター・グループのファシリテーション ········188
　　第2節　今後の課題 ························189
　　　　1．仲間関係を測定する質問紙の作成と
　　　　　　グループ体験に即した概念化の試み ················189
　　　　2．既知集団エンカウンター・グループにおける
　　　　　　スケープ・ゴート現象の解明 ················190
　　　　3．ファシリテーターのコンビネーション（組み合わせ）に関する研究 ········191
　　　　4．専門職養成のための既知集団エンカウンター・グループの開発 ········192
　　　　5．学校場面での仲間づくりとしての適用 ················192

文　献……………………………………………………………………… *195*

あとがき……………………………………………………………………… *203*

事項索引……………………………………………………………………… *207*

人名索引……………………………………………………………………… *214*

序　論

第1節　問題の所在

　既知集団を対象としたエンカウンター・グループを検討するにあたり，まず，1．未知集団を対象としたエンカウンター・グループの発展を，ファシリテーター（ファシリテーション）を中心に，どのような特徴を持つのかを明確にする。次に，2．既知集団を対象としたエンカウンター・グループの試み，及び3．ファシリテーションの困難性を述べ，最後に4．既知集団を対象としたエンカウンター・グループの問題点を指摘することにしたい。

　（以下では，未知集団を対象としたエンカウンター・グループを「未知集団エンカウンター・グループ」，また既知集団を対象としたエンカウンター・グループを「既知集団エンカウンター・グループ」と表現する。）

1．未知集団エンカウンター・グループの発展
―― ファシリテーターの特徴 ――

　未知集団エンカウンター・グループとは，Rogers (1970) によって始められたベーシック・エンカウンター・グループ (Basic Encounter Group) のことである。あくまでも個人の心理的成長が主たる目的であり，見知らぬ者同士がグループという場に集い，自己開示や他者からのフィードバックを通して，自己理解や他者理解を深め，「出会い (Encounter)」を体験する

というものである (Rogers, 1970 ; 村山, 1977 ; 村山ら, 1979 ; 安部, 1982 b ; Wood, 1982 ; Raskin, 1986 ; Cain, 1990 ; 坂中・村山, 1994 ; Verhest, 1995 ; 平山, 1998 ; 野島, 2000)。

　これまでのファシリテーター論（ファシリテーション論）は，以上のような未知集団のエンカウンター・グループ体験を通して生まれてきたものである。この未知集団エンカウンター・グループでのファシリテーターの態度は，基本的にはクライエント・センタード・セラピー（Client-Centered Therapy）における自己一致（congruence），共感的理解（empathic understanding），無条件の積極的関心（unconditional positive regard）といったセラピストの態度を踏襲している (坂中, 2001)。

　しかし当然のことながら，セラピストとしての態度の他に，エンカウンター・グループにおけるファシリテーターとしての特徴をもっている (安部, 1982 b)。以下では，エンカウンター・グループのファシリテーターの特徴を，（1）リーダーシップの分散，（2）ファシリテーターの自己表明，（3）グループの流れづくり（プロセスの集中性への対応），の3点として述べる。

（1）　リーダーシップの分散

　エンカウンター・グループのファシリテーターは，通常のリーダーが持っているリーダーシップを，そのグループ・プロセスを通して，できるだけメンバーに委譲しようと試みる。

　すなわち，未知集団エンカウンター・グループの場合，メンバーのグループ体験への動機づけや期待も高い場合が多く，どちらかといえばファシリテーターとしては，自らの出番を出来るだけ少なくして，メンバー相互のやりとりを促進しようとする。

　Rogers (1970) は，このことに関して「私の希望は，ファシリテーターであるとともにメンバーになっていくことである」，また，「私は，グループ・プロセスのほうが私の発言もしくは行動よりもはるかに重要であり，

私がそれに介入しなくても，プロセスは展開すると信じている」と自らの哲学を述べている。

　このようなファシリテーターの在り方を安部 (1982 b) はリーダーシップの分散と呼び，下田 (1988) はリーダーシップの共有という言葉で言及している。そのことは，グループ体験の中では，「メンバーになる」とか，「メンバーとして参加する」といった言葉で表現される。

　また，ファシリテーターは，個人の心理的成長を促進するために，グループ構造に着目し，メンバー個人だけでなくグループそのものにも焦点を当てる。Beck (1974, 1981), Beck, et al. (1986) はグループ構造の発展に焦点を当て，一般システム理論を援用することで，システム形成プロセスとリーダーシップの関係を明らかにしている。

　しかし，リーダーシップの分散は，誤解されやすいのだが，リーダーシップの放棄を意味するものではない。Lewin, Lippit, & White (1939) の専制，民主，自由放任型の3種のリーダーシップの実験でも明らかなように，自由放任型のリーダーにおいて混乱が最も大きい。リーダーがグループに対して，自らの責任を明確に示しえない場合は，グループがグループとしての機能をもちえなくなる。エンカウンター・グループの記録映画「出会いへの道」(Journey into Self) の中に Rogers と Farson のファシリテーターとしてのリーダーシップを具体的にみることができる (Rogers, 1968)。

　リーダーシップの分散とは，リーダーであるファシリテーターだけに，リーダーシップを集中しないということである。リーダーに集中することを防ぐことにより，リーダーが権威化することを避けることができる。小田 (1979) は，Fスケールを用いてエンカウンター・グループにおいて権威に対する態度が変化することを示している。

　具体的には，グループの中でファシリテーターだけが，メンバーを理解し，援助する行為を独占しようとはしないということである。この，理解し援助する行為をメンバーそれぞれが分けもつように，ファシリテーターはグループに関わっていく。野島 (2000) は，このようなファシリテーター

の態度を「ファシリテーションシップの共有化」という言葉を使って表現している。前述した「メンバーになる」というファシリテーターの行動はこのことを指している。

（2） ファシリテーターの自己表明

ファシリテーターが「メンバーになる」ことを端的に示す行動として，ファシリテーターの自己表明ということが挙げられる。自己表明とは，ファシリテーターが自らのことを語ることであり，自己開示（self-disclosure）とも言われる。

すなわち，エンカウンター・グループのファシリテーターの場合には，Rogers (1970) が促進的な態度として「自分の内部で起こる感情，言葉，衝動，空想を信頼する（私の感情に従って動く）」あるいは「自分の気持ちを積極的にさらけ出すことによってのみ，相手と対決することを好む」を挙げているように，クライエント・センタード・セラピーのセラピストに比較して自己開示性が顕著となる特徴を示す。

山口・穂積 (1976) は「傾聴しすぎて，気持ちの表明がおろそかにならないこと，逆に気持ちの表明がメンバーへの押し付けにならないこと」を指摘しているし，畠瀬 (1977) は「グループの自己表明と自由感を促進するための自己表明」を指摘している。

また，安部 (1978 a，1978 b)，安部・村山 (1978 a，1978 b) は，事例の検討を通して，「ファシリテーターの率直な感情表現の有効性」について論じているし，岩村 (1981) は「ファシリテーターの自己表明は，メンバーの自己表明のムードを促進する」ことに言及している。さらに，平山 (1998) は心理的成長度の高いメンバーは対ファシリテーター認知において，ファシリテーターの率直な自己表現を高く認知する傾向があることを明らかにしている。

野島 (2000) は「第3者的な話し方をするよりは，自分の感情や気持ちをストレートに表現する方がよい」ことを指摘しており，「ファシリテー

ション技法の体系化」においては，ファシリテーター自身の自己一致（congruence）が重視されている。ファシリテーターは，グループ・プロセスの早い段階から積極的にメンバーに関わるわけであるが，メンバーの行動を統制しようとしているのではない。あくまでもファシリテーター自身の自己一致（congruence）に基づいて，メンバーのひとりとして，グループ・プロセスに関わるのである。

　中田（2001b）はグループでの内的体験過程の探索プロセス（特に，行き詰まり感）を重視した「否定的自己開示」という概念を提出している。これは，ファシリテーターが否定的感情体験を自己開示して，グループと共有することを通して，グループ・プロセスを促進しようとする試みである。

　結局のところ，エンカウンター・グループのファシリテーターは，グループのなかでの自己の体験を開示（表明）して，グループの中に相互作用を起こそうと試みるところに特徴があるといえる。

（3）　グループの流れづくり（プロセスの集中性への対応）

　未知集団エンカウンター・グループの場合，上に述べたように，ファシリテーターはグループの運営をメンバーに任せ，自らは「ひとりのメンバーになる」ことで，村山・野島（1977）の発展段階仮説に示されるかたちで，グループ・プロセスは進展する。

　この村山・野島の発展段階仮説はファシリテーターを体験するものに強い影響を与えている。というのも，ファシリテーターを体験するものにとって最も困難な課題の一つが，グループ・プロセスの中での自分およびグループの位置づけであるからである。一体，グループはうまく展開しているのか，あるいは展開したのか，うまく展開したとすればどの程度（どの段階）まで発展したのか，といった問いに答えることは極めて難しい。しかしながら，この発展段階仮説によって，ファシリテーターは，自分およびグループのおよその位置（発展段階）がわかり，グループの流れづくり（発展段階の促進）を容易にしたのである。

ところで，エンカウンター・グループの場合には，ひとつの特徴として，プロセスの集中性(intensiveness)ということが挙げられ，ファシリテーターにはその対応が求められる。

エンカウンター・グループのプログラムは，集中性を発揮するように組まれ，1回のセッション時間は3時間と長く設定され，多くの場合，合宿方式であり日常とは離れた「文化的孤島」が会場として選ばれる。この集中性には集団療法家も注目しているという(小谷，1979)。

しかしながらメンバーにとっては，集中的な体験であるがために，かえって自分が，今どんな体験をしているのかについて，十分に理解することが難しい。したがって，ファシリテーターはメンバーが，どのような体験をしているのかを理解しやすいように，グループの集中性を調整する働きが求められる。それがグループの流れづくりと呼ばれるものである。

野島(2000)のファシリテーションの体系化では，導入段階での関わりが全体のおよそ半分を占めているが，グループの流れづくりにおいては，まずは導入期が課題となることを示している。野島はファシリテーターの基本的在り方として，「個人の状態を把握しようとする視点」と「グループの状況を把握しようとする視点」の二つの視点を指摘しており，グループ全体に対する働きかけとして，場面構成，安全な雰囲気づくり，いわゆる"おはなし"への介入，知的ディスカッションへの介入，グループが停滞している時の介入，グループの流れの速すぎに対する介入，状況の整理，交通整理，の8点を挙げている。

この中で，「グループの流れの停滞と速すぎに対する介入」がグループ・プロセスの集中性に対するファシリテーターの働きかけである。

すなわち，エンカウンター・グループは一種の「時間制限療法」であるともいえる。限られた時間の中で，どのようにグループを促進し成果を見出すか，そのことが「停滞と速すぎに対する介入」というファシリテーターの働きかけとして表現されている。集団療法のように1週1回のペースで，各人の持っている問題が解決するまで続くわけではなく，3泊あるいは4

泊の期間か，長いときでも1週間という限られた時間が来れば終了となる。

ただ，グループの流れづくりといっても，ファシリテーターだけがつくる（権威化する）のではなく，メンバーとともに進めていく（リーダーシップを分散する）ところにエンカウンター・グループの特徴があることに留意しなければならない。ファシリテーターが自分だけで流れをつくろうとして，グループの行動を統制しようとすることは，メンバーにとって益を生まないであろう。Rogers (1970) はファシリテーターの在り方について，次のように述べている。

「これ（人間中心のグループ・リーダーシップという哲学）は，ファシリテーターがグループの中にどのような種類の熟練者としてでもなく，ひとりの人間として参加する時，メンバーとファシリテーター双方に，最大限の成長があることを強調する見解である。」

2. 既知集団エンカウンター・グループの試み

既知集団エンカウンター・グループとは，見知らぬ者同士ではなく，すでに顔見知りの者が参加して行われるエンカウンター・グループである。研修や体験学習などで実施される場合であり，メンバー個人の心理的成長だけでなく，グループ全体すなわち仲間関係などの変化にも目標がおかれている。現在のところ，（1）学校現場での人間性教育として，また（2）専門職養成のための体験学習として，さらに（3）職場での人間関係の研修として，エンカウンター・グループが試みられている。

以下では，まず，既知集団エンカウンター・グループの試みについて，主要な研究を概観する。

(1) 学校現場での人間性教育

学校現場のなかでも，とくに大学での授業やゼミなどで既知集団エンカウンター・グループとして実施されている（安部，1982a；村山，1992）。

安部・村山・野島 (1977) は，大学の授業の中で顔見知りの学生に対してエンカウンター・グループ・プログラムを実施し，既知集団エンカウンター・グループの場合には，無理な自己開示は危険であること，メンバーの自発性の尊重が求められることなどを報告している。

また長谷川・江幡・大久保 (1983) は，大学のゼミナールの学生にエンカウンター・グループを実施し，教師がファシリテーターを行う場合には，参加者はファシリテーターに権威を感じやすいこと，参加者の自己開示が困難であることなどを指摘している。

教育場面へのエンカウンター・グループの適用は，すでに Rogers (1969, 1974)，Rogers & Freiberg (1994) によって，教育の人間化 (humanistic education) として試みられている。Rogers は学生中心の授業 (student-centered teaching) からの発展として試みたが，残念ながら，Rogers の期待していたほどの成果はあがらず，教育場面への適用については課題を残した (安部，2003a)。

日本では，最近，教育現場でのスクール・カウンセラーの導入に伴って，カウンセラーのレパートリーの一つとしてエンカウンター・グループが用いられ始めている。山村 (2004) は，エンカウンター・グループを体験して「顔なじみになった」高校生に対して，再度のエンカウンター・グループを実施するというユニークな試みを行っている。スクール・カウンセラーの登場は，教育場面でのこれまでにない展開を可能とするのではと期待される。

（2） 専門職養成のための体験学習

日本では専門職養成のための体験学習として，看護師の領域がエンカウンター・グループを最も熱心に取り入れてきた (見藤，1991)。看護師を養成する大学や専門学校で人間関係能力を高める授業としてエンカウンター・グループが実施されている。

この領域で最も精力的にエンカウンター・グループを展開してきたのは

野島 (1980, 1982, 1983 a, 1984 a, 1984 b, 1994, 1995, 1996) であろう。一つの看護学校でのエンカウンター・グループを 20 年以上にわたり実践し，継続して成果を公表している。また，次の 3．で述べるような困難性を事例研究として指摘している。

安部 (1980) は看護学生のエンカウンター・グループ体験の意義として，自発性の経験，看護師としてのアイデンティティの試し，仲間関係の見直しと親密感の増大，おとなになるための条件，の四つを指摘している。また，久保田 (1985) は，この四つの意義を体得した事例を報告している。

中田 (2001 a, 2001 b) は，看護学校でのエンカウンター・グループのファシリテーター体験から，「逸楽行動」，「問題意識性」などの独自の概念化を行っている。とくに，ファシリテーターの自己開示の在り方として，「否定的自己開示」という有用な概念を提示している。

他の専門職では，近年，臨床心理士やカウンセラーの養成に，体験学習としてエンカウンター・グループが組み込まれることが多くなってきている。

野島 (1999) はファシリテーター養成に「コ・ファシリテーター方式」が有効であることを指摘し，コ・ファシリテーター方式によるファシリテーター養成のためのプログラムを展開している。内田・野島 (2003) は，ファシリテーター養成における「コ・ファシリテーター」の意義について，ファシリテーターとコ・ファシリテーターの「違い」がグループ・プロセスの理解とファシリテーションに活かされることを示唆している。

また村山ら (2001) は，大学生のピア・カウンセリング的な支えあいも兼ねて，臨床教育の一環としてエンカウンター・グループを活用しており，大学院生にファシリテーターの機会を提供している。

(3) 職場での人間関係の研修

エンカウンター・グループは個人の心理的成長や職場での人間関係の変化だけでなく，組織そのものの開発にも応用されている (足立, 1977)。し

かしながら，企業においては，たとえ人間関係に焦点を当てたとしても，通常は，その職業に必要な技法の訓練（スキル・トレーニング）として実施される場合がほとんどである。したがって，個人の心理的成長を目的としてエンカウンター・グループが開催されることはまれであろう。必要な場合には，一般募集の見知らぬメンバーのエンカウンター・グループに出かけていって参加することになる。この領域でのエンカウンター・グループの展開は今後の課題と思われ，注目をひく報告としては，岩村・大中(1995) がある。

岩村・大中は一つの病院から募集された臨床心理士・看護師・ソーシャルワーカーに対する職場でのエンカウンター・グループを実施し，その成功条件と開催意義について考察している。彼らは職場内エンカウンター・グループの意義として，集団が変わる契機としてのエンカウンター・グループを挙げている。また職場内エンカウンター・グループの短所についても，会の開催が職場の日常業務に支障をきたす場合などについて指摘している。

また岩村(2000)は，この流れの中で，大学の一つの研究室の，教授と大学院生全員が参加した既知集団エンカウンター・グループを報告し，ファシリテーターの「中立性」について考察を行っている。彼はファシリテーターの中立性を支える基盤として「独立性」が重要であることを指摘し，「独立性の『能力』としての側面からは，その人自身が自立的であることが重要と思われる」と述べている。

3．既知集団エンカウンター・グループのファシリテーションの困難性

以上のような領域で試みられている既知集団エンカウンター・グループであるが，以下に示すように，既知集団エンカウンター・グループに独自の困難さが報告されている。

メンバーの要因として，未知集団エンカウンター・グループの場合に比較して，自己開示が困難であることが述べられている（安部・村山・野島，1977；安部，1978 b，1984 a；野島，1983 a；長谷川ら，1983；平山ら，1994；野島，

1996；安部，1998 a；平山，1998；野島，2000)。すなわち，既知集団エンカウンター・グループでは，自己開示を支えるためのメンバーの動機づけが低い（野島，1983 a, 1996），また不安が高い（平山ら，1994；平山，1998）などが指摘されている。

グループ・プロセスにおいても，既知集団エンカウンター・グループの場合には，村山・野島 (1977) の発展段階仮説とは異なった経過をたどり，グループ・プロセス促進の困難さをファシリテーターは体験している。

すなわち，日常の仲間関係が「みんな意識」を形成してグループ・プロセスの進展を妨げる（安部，1984 a），セッションにおいて遊びが頻出する（野島，1996），逸楽行動と呼ばれる行動がセッション内外に観察される（中田，1997）などが，言及されている。

また，安部 (2002 a) は，既知集団の場合には，グループが開始される以前からグループ構造として，ファシリテーターをスケープ・ゴートにする構造が成立しており，ファシリテーターはこの構造（ファシリテーター・スケープ・ゴート構造と呼ばれる）を克服するために，グループ全体に対する既知集団に特有の働きかけが必要であることを指摘している。

さらに高橋 (2003) は既知集団エンカウンター・グループで「いじめの構造」がみられた事例を報告し，ファシリテーターにはグループ実施前の人間関係への配慮，孤立したメンバーへのフォローが必要であることを述べている。

以上をまとめてみると，既知集団を対象としたエンカウンター・グループの場合には，以下のような問題点と課題がみられる。

4．既知集団エンカウンター・グループの問題点

（1）メンバーの自己開示やフィードバックの促進が難しい

既知集団エンカウンター・グループでは，単にファシリテーターのメンバーに任せるという形でのリーダーシップの分散は困難である。すなわち，ファシリテーターの自己開示がメンバーの自己開示を必ずしも促進するこ

とにはならない。

　したがって，これまでのファシリテーション技法だけでは十分ではなく，ファシリテーターの自己開示のあり方，およびメンバーのグループ体験への動機づけや不安を考慮したファシリテーション技法の開発が求められる。

（2）　日常の人間関係がグループ体験のなかに持ち込まれる

　既知集団エンカウンター・グループでは，日常の人間関係（とくに仲間関係）がグループ体験に持ち込まれ，グループ・プロセスのなかで顕在化して促進を困難にする。

　したがって，顕在化した日常の人間関係をグループ・プロセスのなかで取り扱うために，既知集団エンカウンター・グループに特有のグループ・プロセスの理解（公式化）が求められる。

　ところで，エンカウンター・グループは，あくまでもグループ・アプローチであり，グループのもつ性質（グループ構造とグループ・プロセス）を最大限に活かすことで，エンカウンター・グループとしての成果も引き出されるのではないかと思われる。特に，既知集団の場合には，グループ体験の効果として，未知集団での場合のように自己理解や他者理解だけでなく，仲間関係そのものが変化するところに特徴がある（長谷川ら，1983；Lieberman，1990；安部，1998 a，2002 a）。

　したがって，既知集団エンカウンター・グループの場合には，むしろ積極的にグループそのもの（グループ構造とグループ・プロセス）に関わるアプローチが求められていると考えられる。

序　論

第2節　本研究の目的と位置づけ

1．本研究の目的

　既知集団を対象としたエンカウンター・グループのグループ・プロセスの発展を，グループ構造に着目して明確にすることである。また，既知集団エンカウンター・グループに特有のファシリテーション技法を提示することである。

2．エンカウンター・グループ研究における本研究の位置づけ

　これまでのエンカウンター・グループ研究を，表1のように対象を未知集団か既知集団か，また焦点をメンバー個人かグループ全体か，の二つの次元に便宜的に分けて，本研究の位置づけを明確にしたい。
　以下，簡単にそれぞれの代表的な研究を概観してみる。

（1）　未知集団を対象としたエンカウンター・グループ
① 　メンバー個人に焦点を当てたアプローチ
　Rogers (1970) の，いわゆるベーシック・エンカウンター・グループであり，個人の心理的成長が主たる目的である。村山 (1977) は，日本でのエンカウンター・グループ経験を一書として編み，日本でのエンカウンター・グループの発展を促した。また，畠瀬 (1990) は特に教師の心理的成長にとってのエンカウンター・グループ体験の意味を，事例研究によって明らかにしている。さらに，平山 (1998) はファシリテーター関係認知スケールを作成するとともに，豊富なリサーチ・データを踏まえて個人の心理的成長について臨床仮説モデルを提示している。
② 　グループ全体に焦点を当てたアプローチ
　個人の心理的成長を目標とすることに変わりはないのであるが，ファシ

表1　日本におけるエンカウンター・グループの発展

対象 焦点	未知集団 EG	既知集団 EG
メンバー個人 （過程）	村山 (1977) 畠瀬 (1990) 平山 (1998)	長谷川ら (1983) 岩村 (1985) 中田 (2001)
グループ全体 （過程）	村山・野島 (1977) 野島 (2000)	安部 (2002 a) 鎌田 (2003)

・未知集団における個人の心理的成長：Rogers (1970)，村山 (1977)，畠瀬 (1990)，平山 (1998)
・未知集団のグループ発展段階におけるファシリテーション：村山・野島 (1977)，野島 (2000)
・既知集団における個人の心理的成長：長谷川ら (1983)，岩村 (1985)，中田 (2001)
・既知集団におけるグループ・プロセスとファシリテーション：安部 (2002 a)，鎌田 (2003)

リテーターが関わるときにメンバー個人だけでなく，グループ全体にもファシリテーターの視点を向けるアプローチである。

　村山・野島 (1977) のエンカウンター・グループの発展段階仮説は，ファシリテーターにとって，グループ・プロセスを把握するための有効な道具であり，グループ・プロセスの研究としてだけでなく，ファシリテーション論の研究成果としても理解できる。また，野島 (2000) は，ファシリテーションをメンバー個人にだけではなく，グループ全体の発展過程にも焦点を当てファシリテーション技法を体系化している。この体系化された成書はファシリテーターを経験するものにとって，必須の一冊となっている。

（2）　既知集団を対象としたエンカウンター・グループ
① メンバー個人に焦点を当てたアプローチ
　見知らぬ者同士ではなく，すでに顔見知りの者が参加して行われるエンカウンター・グループである。先の長谷川ら (1983) のように，研修や体験学習の場合であり，メンバー個人の心理的成長に焦点がおかれている。
　岩村 (1985) は，経験者や顔見知りの参加者が多いグループ体験から

「仲間集団的要素を背景にしたエンカウンター・グループは，連続性のあるグループ体験を提供できる。そのようなエンカウンター・グループは，『変化』の場であると同時に『変化の整理の場』としての役割をはたしている」ことを指摘している。

また，中田（2001）はフォーカシングの視点を活かしたメンバーの個人内体験とグループ体験を融合したアプローチの開発を試み，「問題意識性を目標としたファシリテーション」を提唱している。

② グループ全体に焦点を当てたアプローチ

既知集団エンカウンター・グループにおいて，ファシリテーターの働きかけの焦点が，メンバー個人の自己理解や他者理解だけでなく，グループ全体としての変化である仲間関係にもおかれている。

安部（2002a）は既知集団エンカウンター・グループのグループ構造に着目し，グループ・プロセスを促進するさいに，スケープ・ゴート構造に焦点を当てることが，既知集団エンカウンター・グループの場合に仲間関係の発展を促進することを指摘した。

鎌田（2003）は，エンカウンター・グループが組織に与える効果を検討するために，「クラスへの適応尺度」の作成を試み，学校現場にエンカウンター・グループを導入するときに，構成的か非構成的かといった二者択一的な議論よりも「PCA Group」という視点が有効であることを提案している。

以上のようにみてみると，本研究は，既知集団を対象としたエンカウンター・グループにおいて，グループ全体（仲間関係）の促進に重点を置きながら，メンバー個人の心理的成長にも焦点を当てたアプローチとして位置づけられる。

第3節　本研究の方法と対象

1．方法と対象事例

　看護学生のグループ事例を対象として事例研究法により考察を行い，既知集団エンカウンター・グループのグループ・プロセスおよびファシリテーションを検討する。対象となるエンカウンター・グループ事例は8事例であり，筆者がファシリテーターを担当したものである。

　表2は8事例の一覧であり，いずれも日常においては顔見知りの既知集団（仲間集団）である。

2．事例選択の理由

看護学生の8事例を対象として選択した理由は以下の3点である。
① 看護の領域がエンカウンター・グループを専門職の養成カリキュラムに，これまで最も積極的に取り入れてきたこと。
② 研究対象を特定化することで，グループ・プロセスおよびファシリテーションの特質を明確にすることが出来ること。
③ 筆者のエンカウンター・グループ実践として，看護の領域を中心に活動してきたこと。

3．事例の提示のしかた

　既知集団エンカウンター・グループのグループ・プロセスを二つに分け，グループによるファシリテーター受容（加入・共存）プロセス，及びグループによるメンバー受容（加入・共存）プロセスに該当する8事例を表2のように配置し提示する。

　また，「看護婦」の呼称については，現在では「看護師」と改められているので，実施時において，看護婦と呼称していたものも，事例の記述に

表 2 本研究の対象事例（8 事例）

対象 8 事例の共通点 ●既知集団として多くの共通点をもっている。　①メンバー全員が顔見知り，②日常生活を共有，③メンバーは女性，④全員 19 歳，20 歳であり同世代，⑤職業としての方向性が同一（看護師），⑥全員がグループ体験は初参加である。 ●ファシリテーターは 1 名であり筆者（男性）である。	
各事例の概要　①日程　②参加者　③プロセスの特徴　④発表先	
ファシリテーター加入プロセス	事例1　ファシリテーターのスケープ・ゴート事例 ①1 セッションは 3 時間，総計時間は約 25 時間 ②ファシリテーター 1 名（筆者），メンバー 10 名（看護学生） ③ファシリテーターのグループへの加入の失敗 ④心理臨床学研究，20(4)，2002
	事例2　ゲームを通してグループへの加入を試みた事例 ①2 泊 3 日の集中宿泊形式 ②ファシリテーターは 1 名（筆者），メンバー 15 名（看護学生） ③ファシリテーターのグループへの加入の試み ④福岡大学人文論叢，30(3)，1998
ファシリテーター共存プロセス	事例3　ファシリテーターが仲間のひとりとして受けいれられた事例 ①2 泊 3 日，セッション数 11 回，総計 18 時間 ②ファシリテーター 1 名（筆者），メンバー 15 名（看護学生） ③ファシリテーター共存プロセスの成功 ④福岡大学人文論叢，29(4)，1998
	事例4　ファシリテーターがグループ（みんな意識）へ問いかけた事例 ①3 泊 4 日，セッション数 15 回，総計 23 時間 ②ファシリテーター 1 名（筆者），メンバー 10 名（看護学生） ③ファシリテーター共存プロセスからメンバー受容プロセスへ ④心理臨床学研究，1(2)，1984
メンバー加入プロセス	事例5　メンバー受容の事例―対立しているメンバーの事例― ①3 泊 4 日，セッション総計 25 時間 ②ファシリテーター 1 名（筆者），メンバー 10 名（看護学生） ③メンバー加入の成功 ④心理臨床学研究，20(4)，2002

メンバー共存プロセス	事例6　退却しているメンバーの事例 ①3泊4日，1セッションの長さは1時間30分，合計15セッション ②ファシリテーター1名(筆者)，メンバー10名 ③メンバー共存プロセスの成功例 ④九州大学教育学部心理教育相談室紀要，4，1978
ファシリテーター受容プロセスの非典型・典型プロセス	事例7　ファシリテーターの受容が困難を極め徹夜となった事例 ①3泊4日，セッション数は15セッション（1時間30分×15回） ②ファシリテーター1名(筆者)，メンバー11名(看護学生) ③グループによるファシリテーター受容の非典型事例 ④中村学園研究紀要，28，1996
	事例8　ファシリテーター受容が無理なく進んだ事例 ①3泊4日，セッション数9回（午前中と午後は3時間，夜と最終セッションは2時間の設定），総計21時間 ②ファシリテーター1名(筆者)，メンバーは12名(看護学生) ③既知集団エンカウンター・グループの典型事例 ④中村学園研究紀要，14，1982

おいては「看護師」として統一して表現する。

　なお，事例の記述においては，プライバシー保護のために出来るだけ省略・改変を行っていることをお断りしておきたい。

4．本研究対象集団の特質

(1)　日常の仲間関係に苦労している

　本研究対象集団の看護学校では，1学年1学級およそ40人の学級集団であり，授業や課外活動を3年間，一緒に過ごす。そのためにメンバーはお互いの性格や癖などを熟知し，仲間関係は家族のように濃密である。しかしながら，一方では仲間関係を維持するための人間関係の摩擦や誤解などに遭遇し，仲間関係において孤立したり対立するなど，あるいは仲間関係が契機となって自分自身の性格に苦悶するなどが多く見られる。

(2)　日常において「自発性」を発揮する場面が少ない

　学校での教授法の特徴として，専門職（看護師）のためのカリキュラム

は，選択科目であっても必修科目（compulsory subjects）扱いであり，学生に選択の余地はなく，学習するうえで学生が自発性を発揮する場面とはなりにくい。また，実習などにおいても自分から動くというよりも医師や先輩看護師の「指示」を待って行動することが多く，自発性を発揮するよりも「指示待ち」の態度となりやすい。

（3） 日常の生活において規制やルールなどに対する束縛感が強い

日常の生活において，学生の生活態度に対する指導が，専門職教育の一環として，学校側から熱心に行われている。たとえば服装や髪型や日常の言葉遣いなど，どちらかといえば学生からみると「放っておいてほしい」と思うことも「専門職に必要なこと」として教師から指導があり，学生は束縛されている感じを持っている。特に寮生活の場合には，強い仲間意識が形成される反面，学生にとっては「自由さ」が少ないという不満となっている。

（4） 日常のなかで「看護」そのものについて考える余裕がない

専門職（看護師）としての臨床実習において，医療スタッフや患者（家族）との「つきあい」や「気配り」など人間関係の難しさを体験することが多い。しかしながら，「カリキュラム」を消化するのに精一杯であり，看護とは何かといった，本来，専門職としての根本的な問題として，それらの難しさを考える余裕がない。いつか考えなければと思いつつも機会を持つことの難しさをメンバーは感じている。

第Ⅰ部

既知集団エンカウンター・グループの特質

第1章　グループ構造に着目した
　　　　既知集団エンカウンター・グループの特徴

第1節　「出会い」の構造の特徴

1．未知集団エンカウンター・グループの出会いの構造

　通常の未知集団エンカウンター・グループの場合には，図1（左側）に示すように，見知らぬ者同士が集う未知集団であるがゆえに，出会いの構造は，個人と個人が出会うかたちとなる。すなわち，未知集団では，ファシリテーターも含めて，見知らぬメンバー個人の集団である。したがって，未知集団の場合には，グループは自己開示やフィードバックを通してメンバー相互を受容していくことになる。

　未知集団エンカウンター・グループの場合は，見知らぬメンバー個人が集まっているために，グループ構造は，メンバーの個人過程を中心に〈個から集団へ〉と形成される（Rogers，1970；村山・野島，1977；Raskin，1986；林，1989；平山，1998；野島，2000）。

2．既知集団エンカウンター・グループの出会いの構造

　これに対して，既知集団エンカウンター・グループでは，図1（右側）に示すようにグループ構造としては，メンバーは既に顔見知りであり「仲間関係（みんな意識）」が出来上がっており，唯一ファシリテーターだけが見知らぬ存在で，この「仲間関係（みんな意識）」の外に居ることにな

[図: 未知集団EG(SEG)と既知集団EG(FEG)のグループ構造の比較。未知集団EGでは、FAとMEが円状に並ぶ。既知集団EGでは、FAが円の外にあり、複数のMEが「仲間関係（みんな意識）」で囲まれた円の中にいる。]

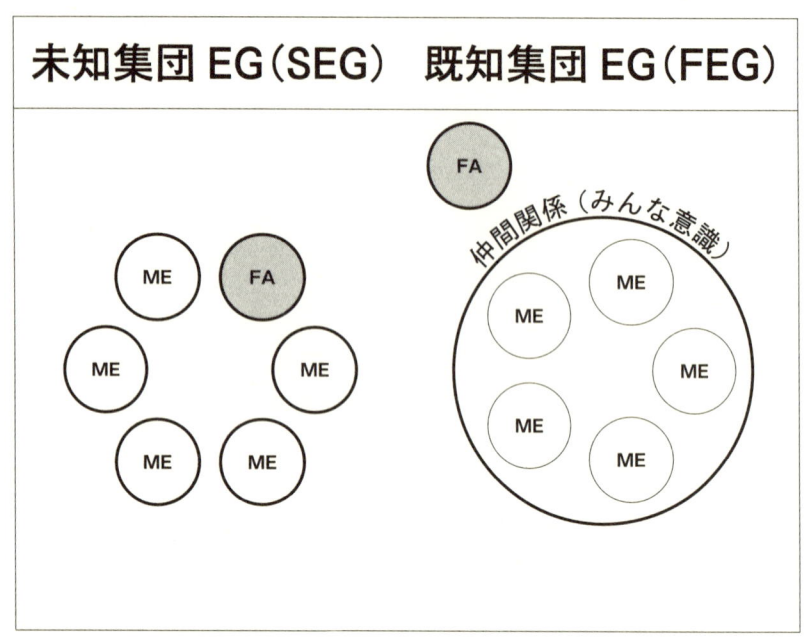

 *図1においては以下のように略記している。
　・未知集団EG：未知集団エンカウンター・グループ
　・既知集団EG：既知集団エンカウンター・グループ
　・FA：ファシリテーター
　・ME：メンバー

図1　未知集団EGと既知集団EGのグループ構造の比較

る。
　したがって，既知集団エンカウンター・グループでは，ファシリテーター個人とグループ（メンバー全体）が出会う構造となる。すなわち，既知集団エンカウンター・グループではメンバー個人が集まってグループ全体を形成するのではなく，日常生活を通してグループは，既に導入期において集団として形成されており，〈集団から個へ〉とグループ構造は発展する。

第2節　グループ体験の目標の特徴

1．仲間に自分をわかってもらう体験

　既知集団エンカウンター・グループの目標は，未知集団エンカウンター・グループの場合のように，自分をわかる（自己理解）だけでなく，自分をわかってもらうのが特徴である。
　メンバーは，日常のなかで，みんなが知っている自分（あるいは自分のイメージ）を変えたいと思いながらも，そのような機会が日常では得られない。したがって，エンカウンター・グループの場で，みんなが知らない自分を出して，仲間に自分をわかってもらいたい期待をもっている。

2．日常とは違った仲間関係の形成

　既知集団エンカウンター・グループのもう一つの目標は，未知集団エンカウンター・グループの場合のように，知らない人と知り合いになる（他者理解）だけでなく，知っている（あるいは知っていると思い込んでいる）人と，さらに知り合いになる仲間体験である。
　日常の仲間関係を変えたいと思っていても，みんなが集まること自体が日常では難しい。したがって，メンバーは，日常では行えないことをエンカウンター・グループの場で「みんな」で行い，仲間関係を修正したい欲求がある。

　すなわち，エンカウンター・グループ体験を，あえて既知集団で行う意義は，日常の仲間集団での関係を，より肯定的で良好なものにすることが期待されてのことであろう。そうでなければ，それぞれに個人で未知集団のエンカウンター・グループに応募し参加すればよいからである。

第3節　グループ・プロセスの特徴

1. グループによるファシリテーター受容プロセスが展開する

既知集団エンカウンター・グループにおけるグループ・プロセスは，ファシリテーターの側からみると，ファシリテーター個人が，日常の関係を通して既に出来上がっているメンバー全体の仲間構造の中に入っていく加入のプロセスとなる。また，このことをメンバーの側からみれば，メンバー全体であるグループは，見知らぬファシリテーター個人を受けいれる受容のプロセスとなる（安部，1998 a）。

2. 日常の関係や話題がグループ体験の場に持ち込まれる

日常の人間関係（とくに仲間関係）がグループ体験の場に持ち込まれ顕在化し，仲間関係における孤立や対立の解消といった既知集団に特有のグループ・プロセスが展開される。また，グループ体験の内容として「今・ここで」の話題だけでなく，日常の「あのとき・あそこで」の話題が頻出する。お互いを知っているだけに，未知集団の場合のように話題に困ることは少なく，雑談やゲームという形として出される。

第4節　ファシリテーター（ファシリテーション）の特徴

1. とくに導入期での働きかけがグループ体験の成否を決定する

これまで，既知集団エンカウンター・グループにおいて導入期のファシリテーションの難しさが指摘されているのは，以上のようなグループ開始前に既に出来上がっている特有のグループ構造に起因するものと思われる。

したがって，ファシリテーターにはこのグループ構造に対応したファシリテーションの工夫が求められる。

2．個人に対してだけでなくグループ全体への働きかけが求められる

既知集団におけるファシリテーターの特徴は，メンバー個人の心理的成長を促進するためにメンバー個人に働きかけるだけでなく，どのようにグループ全体（仲間集団）にも働きかけていくことが出来るか，ということである。

すなわち，グループ構造に着目すると，ファシリテーターはすでに出来上がっている仲間関係にいかに入っていき，仲間のひとりになることが出来るか，ということである。

以下では，グループ・プロセスを，グループがファシリテーターを受容するプロセス（第Ⅱ部）と，グループがメンバー個人を受容するプロセス（第Ⅲ部）の二つに分け，ファシリテーターはそれぞれのプロセスをいかに理解することが可能なのか，また，どのようにグループ・プロセスに働きかけることが出来るのかを，看護学生のグループ事例を通して検討したい。

第Ⅱ部

グループによるファシリテーター受容プロセス
に関する事例的検討

第2章 ファシリテーター加入プロセス

　ファシリテーターがグループ（みんな意識）のなかに入っていく加入プロセスである。ファシリテーターがグループのなかに入っていくためには，どのような難しさがあり，また，どのような工夫が必要であるかを事例により検討する。

第1節　ファシリテーターのグループへの加入の困難性

　以下に示す事例1は，グループによるファシリテーターの受容プロセスがうまくいかずに，ファシリテーターはグループ（みんな意識）のなかに入り込むことが出来ずにスケープ・ゴートとなった事例である。

【事例1】ファシリテーターのスケープ・ゴート事例

1．グループ構成

　看護学校2年生の「人間関係論」の授業として行われた。目的は「自己と他人を知り，新しい対人関係を結ぶ基盤とする」ことであった。グループ構成は10名のメンバーとファシリテーターが1名（筆者）であった。1セッションは3時間の枠で設定された。総計時間は約25時間であった。

メンバーは以下のような特徴を持っている。① 全員が顔見知り，② 日常生活を共有，③ 全員女性，④ 全員が20歳，⑤ 職業としての方向性が同一，⑥ 全員がグループ体験は初参加である。

このグループ事例は，村山・野島 (1977) の発展段階によれば，「否定的感情の表明」（段階Ⅲ）に止まった低展開グループである。以下の事例の提示では，第Ⅰ期：当惑・模索（第1セッション～第4セッション），第Ⅱ期：否定的感情への直面（第5セッション），第Ⅲ期：再び，グループの目標（同一性）の模索（第6セッション～最終セッション），の3期に分けて述べる。

2．グループ・プロセス

第Ⅰ期：当惑・模索（S1～S4）

S1：（新しい授業？） メンバーからの「どんなことをするんですか」との問いかけに対して，ファシリテーターは「与えられた授業ではなく，自分たちでつくっていく授業です」とグループ体験を新しい「授業」として答える。途中，自己紹介が行われるが，ファシリテーターは積極的に自己開示を行い，自分の子どもの出産（難産）のことなどを語る。しかしながら，話の内容が重たかったせいかメンバーは受け止めるのに苦慮した。このことでメンバーとの距離が近くなった感じはなかった。

メンバーの自己紹介は，趣味や特技といったことではなく，どんな人であるかという人物（性格）を中心としたものであった。ファシリテーターは意外な感じを受けた。趣味や特技が紹介されるものと思っていた，と印象の違いをグループにフィードバックする。

メンバーはグループ体験に戸惑い，グループの目標を見つけようとするが定まらない。

S2：（決められたゲーム） セッションに入ってすぐに，メンバーからゲームが提案される。すでにメンバーだけでゲームを行うことが決められている印象であり，そのことに対してファシリテーターは自分も含めて決

めてほしいと訴える。メンバーはゲームを楽しそうに行い，「ゲームでみんなが一つになれた」と満足する一方で，「時間が長すぎて疲れる」，「意味あることをしている実感がない」などの不満を訴える。

　S3：（室内プール）　セッションが始まり，何をするか決めようとするが，すでにプールで泳ぐことを決めている様子であった。これに対してファシリテーターは，再度，みんなで決めたい旨を訴え，メンバー全員の意向を確認する。3人が泳がないという。どうするかをきくと，泳ぎはしないが一緒に参加するという。みんなで決めてみんなで責任をとること，自分たちで進めていく体験（授業）だということを確認のうえ，室内プールで泳ぐ。泳がない3人は足をつけたりなどして参加する。日常，泳ぐ機会がないので楽しかったという感想が多かったが，泳げなかった3人は泳げなくて残念だと感想を述べる。

　結局のところ，みんなで一緒に楽しむことにはならなかった。

　S4：（卓球大会）　外に出てみようとするが，霧雨のため中止となり，卓球大会となる。グループの雰囲気はよくなってきているものの，まとまりを強めるまでにはならなかった。むしろ不満足感が蓄積されているようであった。次のセッションでファシリテーターはそのことを取り上げた。

第Ⅱ期：否定的感情への直面（S5）

　S5：（混迷）　ファシリテーターはメンバーに，満足しているだろうかと問いかける。長い沈黙が続く。ファシリテーターの促しに応じてぽつりぽつりとメンバーから反応が返ってくる。メンバーからは「ゲームは楽しいが，終わると一気に冷める」，「ゲームは楽しいが満足感はない」などの否定的なフィードバックが大部分であった。メンバーにとって長い沈黙は，居心地が悪く，つらそうであった。メンバーは不満を表明したことで気分が晴れたというよりは，セッションでの過ごし方に，より混迷を深めた感じであった。ファシリテーターとしても行き詰まった感じが強くなった。

第Ⅲ期：再び，グループの目標（同一性）の模索（S6～S9〔最終〕）

S6：(看護の話は？) 何を話すかが決まらないので，看護の話などはしないのですか，とファシリテーターがメンバーにきくと，看護の話はしたくないという。看護の世界は，理想と現実があまりに違いすぎて，疲れることが多い。授業ではレポートが多いし，実際の患者さんとの人間関係も難しいと，メンバーから実情が語られる。「では，話せるところから話してみたら」というファシリテーターの誘いによって，映画の話題になる。映画の話がメンバーとファシリテーターをつなぎとめた。

S7：(一緒の空間) メンバーの提案で瞑想法を行う。初めてメンバーと一緒の空間の中にファシリテーターは入り込んだ感じであった。ただし完全にはリラックスしきれておらず，からだに緊張感がある。なんとかメンバーの中に居はするが，受けいれられている感じは弱い。

S8：(星座見物) メンバーの提案により，星座などを材料にして連想ゲームを行う。セッションを終わり，外に出てみると，メンバーが見たいと言っていた星座が輝いていた。ファシリテーターは，メンバーに声をかけ一緒に星座見物をする。

S9（最終）：(散歩・無力感) メンバーに振り返りを促すが，メンバーの口は重く沈黙がちである。「もう少し語りあいたかったけど，それが出来なかったのが，残念だった」という感想が多数であった。一通り感想を言い終わったところで，ファシリテーターから，散歩に行かないかと提案し了承を得る。それまで3日間，霧に包まれて見えなかった山々を近くに見ることができ，メンバーは少し明るい気持ちになったようであった。ただ，ファシリテーターにはグループと何かを共有できたという実感は少なく，何ともいえない無力感が残った。

3．考　察

(1)　共通項（共通性）形成の失敗

既知集団の場合，グループ（メンバー全体）は「みんな意識」（安部，1984

a）と呼ばれる日常の人間関係に基づく独特の仲間関係を形成している。

したがって，既知集団では導入期において，ファシリテーターがメンバー個人にリーダーシップを分散することは難しく，初期の不安（依存・反抗）は「ファシリテーター個人対グループ（メンバー全体）」のグループ構造となって出現しやすい。すなわち，ファシリテーターはグループ（メンバー全体）から受容されるのか，それとも拒絶されるのかといったグループ構造になりやすい。

そのため既知集団のエンカウンター・グループでは，ファシリテーターがグループから受容されるかどうかがグループ体験の成否を決めることになり，ファシリテーターにはグループ（「みんな意識」）のなかに加入するための工夫が求められる。

事例1の場合，ファシリテーターは何とかしてグループのなかに入ろうと，自己紹介（S1），ゲーム（S2），水泳（S3）と試みるが，残念ながらグループと共通項（共通性）を形成するには至っていない。セッションが進めば進むほど，ファシリテーターはグループ（みんな意識）から外され，スケープ・ゴートになる。

（2）既知集団エンカウンター・グループにおけるスケープ・ゴート現象の特徴

一般にスケープ・ゴート現象は，未知集団エンカウンター・グループでは目立つメンバーあるいは弱いメンバーを対象として発生する（野島，2000）。しかしながら，既知集団ではメンバーは仲間であるために，その対象はファシリテーターが選ばれることになる。しかも，グループ・プロセスとしてみると，事例1にみるように既知集団の場合には，グループに対する不平や不満がセッションのなかで，直接にファシリテーターに話されることは少なく，セッション外で，メンバー同士で話され，グループ全員で共有することにはなりにくい。

また，未知集団のエンカウンター・グループでは，通常はグループ・プ

ロセスが，ある程度進んだ段階で，スケープ・ゴートはみられることが多い（村山・野島，1977）。

未知集団エンカウンター・グループでは，メンバーはグループ・プロセスにおいて「否定的感情の表明」の段階を経験するが，この段階において，誰かひとりに対する否定的感情の表明が，他のメンバーに連鎖現象を起こしやすい。通常，この対象になるメンバーは，それ以前の「当惑・模索」の段階，「グループの目的・同一性の模索」の段階で目立っているメンバーであることが多い。

しかしながら，未知集団エンカウンター・グループの場合には，Beck (1974) が scapegoat leader という言葉を使っているように，グループ・プロセスが展開しているために，次の発展段階へとつながりやすい特徴がある。

ところが，既知集団エンカウンター・グループでは，事例1のように導入期の入り口において発生するため，次の段階へとつながりにくいだけでなく，ファシリテーターのスケープ・ゴートは，グループのメンバー間に分裂を生み出しやすいという特徴をもつ。

したがって，ファシリテーターはまず何よりも，このスケープ・ゴート現象に対する取り組みが求められる。

第2節　ファシリテーターのグループへの加入

次の事例2はファシリテーターがゲームを通してグループへの加入を試みた事例である。ただし，ファシリテーターのグループへの加入には何とか成功したものの，次のファシリテーター共存プロセスへ進むタイミングを逸してしまった事例である。

【事例2】ゲームを通してグループへの加入を試みた事例

1. グループ構成

　看護学校でエンカウンター・グループ研修会として2泊3日の集中宿泊形式で実施された。メンバーは15名（A～Oと記述する），ファシリテーターは1名（筆者）である。グループの特徴としては顔見知りの既知集団であり，メンバーは同性（女性），同年齢層（19歳，20歳），同じ職業志向（看護），同じ生活空間（寮）を共有している。

2. グループ・プロセス（S1～S10〔最終〕）

　S1：(**自己紹介**)　1日目。メンバーは自己紹介を行うが，戸惑っている様子である。「みんなもっと何か言いましょう！」(M)，などと心では思っているが自分を出しきっていない。まだ「発言するのが恥ずかしく」(A)，「本音と正体を表していない」(E)状態である。ファシリテーターに対しても「面白くて話が上手で楽しい人」と認知している反面，「質問したいことがあるが何となく訊けない」。

　S2：(**フルーツ・バスケット**)　何をするのか決めるまでに30分ほどかかる。結局のところ「フルーツ・バスケット」に決まる。「皆，楽しく仲間外れもせずに行う」。ただ，何人かのメンバーは「急に動いたためか疲れた」。ファシリテーターに対しては「一緒にゲームの中に入ってもらい楽しく出来てよかった」(B)と好意的に受け止められる。

　S3：(**震源地・たたかれました**)　しばらく沈黙の後に，「震源地・たたかれました」ゲームを部屋の中で行うことに決定する。メンバーはふだん出来ないゲームを「みんなで一緒に楽しめた」(I)と満足しており，「ふだん知らなかった点もいろいろ出てきつつある」(D)。ただ，Hさんは，「これでいいのだろうか」と不満を漏らしている。グループとしては

まとまりが出来ている。ファシリテーターは、「一緒に入ってもらい楽しくしてもらいました。集中的にオニになってもらいました」(B) と述べられるように、メンバーから思い切り頭をたたかれる。

S4：(10の扉) ゲーム「10の扉」を行う。メンバーはグループとしての楽しさと日常では経験できない解放感を味わう。また、「みんなが一致団結し、いろいろな想像をめぐらした」(I) と集団としての凝集性が高まる。ただ、ファシリテーターとしては、メンバーは話したいことを話せているかどうかが気になっている。

S5：(恋愛・結婚) 2日目。第1セッションでの「自己紹介」以来の話のセッションとなる。メンバーは他のメンバーの恋愛や結婚の話を聞きながら「交流が深まった感じ。自分のことを進んで話すようになってきた」(C)。

ファシリテーターも自分の結婚観や男性としての意見を積極的に述べ、話題に参加する。メンバーの感想としては「経験者はやはり1名は話し合いのなかにいるべきですね」(L)、「結婚について男の人の気持ちが聞けて為になった」(D)、とファシリテーターにそれまでとは異なった面を見出している。途中、メンバーに「話は苦手ですか？」と話の深まりにくさについて問う。

S6, 7：(遠足・登山) 近くの「市民の森」へ出かける。途中、歌ったり、恋愛について語ったり、また、公園のブランコなどで遊び、童心にかえる。ファシリテーターも一緒に山に登り、途中、メンバーと個人的に話をしながら交流を深める。ただ何人かのメンバーとは話をする機会が持てなかった。

S8：(イメージ鬼ごっこ) メンバー全員で「イメージ鬼ごっこ」をする。「初めてみんなでこんなに騒いだような気がする」(E) とグループは楽しむ。メンバーは「人の違う面が見えた」(F)、「人のいろいろな面をみられてよかったと思う」(J) と他のメンバーの新たな一面を発見している。また、「自分」についても「自分のことをみんながどう思っているか

知ることが出来た」(C) と自分とメンバーとの仲間関係について「新たな面」を見出している。また，ファシリテーターについても，みんなと一緒に打ち解けて，遊んでいて面白かった (D)，とメンバーの一員としての受けいれが進んでいる。ただ言葉による表現が少ないことにファシリテーターとしては不満を感じている。

S 9 :（協同ゲーム） 3日目。メンバーはファシリテーターからの提案で「協同ゲーム」と呼ばれる図形あわせを行う。しかしながら，盛り上がってはいるものの「遊びに集中力がなくなった感じ。なんとなくダラダラしている」(O) と結果としてメンバーは疲れてしまう。

S 10（最終）:（模索？） 前半1時間ほど何をするのか決まらず模索する。「やっぱり先頭に立つ人がいないと進まない」とFさんがなんとかグループを動かそうと試みる。しかしグループの反応は鈍い。後半になって，山登り，色つき鬼などが提案されて行う。ファシリテーターは無理にグループを動かそうとしない。メンバーのファシリテーターに対する印象は，「3日間，私たちの遊びにつきあって，とってもきつかったと思います。でも本当に楽しんで下さっているみたいで何かうれしい気がする」(C) というものであった。

3．考　察

(1) ファシリテーター加入プロセスについて
―― 無理のない自己開示としてのゲーム ――

既知集団エンカウンター・グループでは，自己開示が受け止められるためには，ファシリテーターにとってもメンバーにとっても無理のない自己開示から入っていくほうがよく，事例2でのゲームは，この無理のない自己開示としての役割を果たしているように思われる。共通項を模索する試みのなかで，お互いに無理なく，自分を出せるのがゲームである。無理な自己開示は心理的損傷を生み出しやすい (Lieberman, Yalom, & Miles, 1973)。顔見知りの既知集団では，既知集団であるからこそ困難であり，ゲームな

どでの自己表現から，徐々に自己の内面へと自己開示のレベルを深めていく工夫が求められる。

ところが，事例1の場合，ファシリテーターは最初のセッションから，重い話（難産）の自己開示を試みる。しかしながら，教師－学生という日常の役割構造から抜け出ていない状況では，メンバーにはファシリテーターの話を受け止める準備は出来ていない。事例1の場合，最初のセッションでメンバーが自己紹介でそれぞれの性格を語ったときに，ファシリテーターは自己紹介の「違い」を取り上げた。しかし，ここでは，むしろグループ（メンバー全体）が性格について，「同じ」興味を持っていることを取り上げ，グループの共通項（共通性）とするべきであっただろう。そしてファシリテーターも「性格（自分のこと）」に興味をもっており，そのことをメンバーと一緒に考えたいと提案することによってグループ（メンバー全体）はファシリテーターを受けいれる準備（共通項の形成）が可能となったと思われる。

（2）「自分を出す」ための予行演習 ── 試しとしてのゲーム ──

「自分を出す」準備段階として「ゲーム」を位置づけることが可能であろう。すなわち，みんなで一緒に一つのことを行い，グループとしての仲間意識（みんな意識）を高めていくわけであるが，果たしてその仲間意識が「自分を出す」に十分なものかどうか。特に「失敗」や「恥」といった否定的体験を温かく受け止めてくれるのか，あるいは「罰ゲーム」が待っているのか。自分が自分の「本音」を出したときに，本当に受け止めてもらえる「グループ（みんな）」であるかどうかを，メンバーはゲームを通して試すということが出来よう。いわば「自分を出す」ための予行演習である。

たとえば，このグループ事例2のなかで「震源地・たたかれました」（S3）というゲームが行われたが，このゲームにおいてメンバーは失敗したメンバーに対して罰ゲームを用意したが，その罰の与え方は容赦しない

ものであった。通常は，罰としてたたくときには少し遠慮するなど，いわゆる「手かげん」をするものだが，このセッションにおいてメンバーは全くの「手かげん」をしなかった。

確かに，メンバーはたたくことでウサを晴らしたかもしれない。しかし立場を入れ替えて自分がたたかれる立場になったときのことを考えた場合，「グループ（みんな）」に対して「自分を出して」みようという気持ちになったかどうか。たたかれる怖さといったものが予期されてしまい，「自分を出す」ことを躊躇することになったのではないかと考えられる。

第3節 ファシリテーターの加入プロセスにおけるファシリテーション

1．既知集団におけるファシリテーターの自己開示の特徴
―― 自己開示と「つなぎ」――

事例1では，ファシリテーターには，グループ体験終了後に，なんともいえない無力感が残った。それは日常生活に戻っても，独特の感覚として残り，ファシリテーターであった筆者を苦しめた。この苦しさは，グループ体験で自分のことを語れなかったつらさではなく，自分のことを語っても（自己開示しても）グループに受け止めてもらえなかったつらさに起因するように思われる。

以下では，既知集団の自己開示の特徴をグループ構造のうえで明確にし，なぜファシリテーターの自己開示はグループに受け止められなかったのかを考えたい。

未知集団での自己開示は見知らぬ者の集まりゆえに，メンバーとメンバーをつなぐことになる。ファシリテーターとしてはメンバーの自己開示をできるだけ他のメンバーにつなぎ，他のメンバーからのフィードバックへと

つなぐように促進していく。しかしながら，既知集団での自己開示の特徴は，ファシリテーター個人とグループ（メンバー全体）をつなぐ構造となることであり，しかも，ファシリテーターは自己開示をすることと，それをグループ（メンバー全体）につなぐという二重の機能を，自ら行わざるをえない構造にあることである。

したがって，既知集団におけるファシリテーターの自己開示の特徴は，ただ自己を開示すればよいというのではなく，自己開示と同時に，その自己開示がグループ（メンバー全体）に受け止められるための工夫が必要となる。自己開示は，受け止められてこそ，つなぎとしての機能を発揮するのである。Verhest（1995）の3次元の共感的応答や中田（2001）の否定的自己開示は，この自己開示を受け止めやすくするための工夫として理解することが可能であろう。

2．共通性（共通項）の形成

ファシリテーターがグループの中に入ることが出来，メンバーシップを獲得するためには，何が求められるのか。

事例1と事例2を比較すると，両者の成否をわけているのは，ファシリテーターとメンバーとの間をつなぐための「共通項」を形成できたかどうかである。

事例1ではグループの同一性の模索を繰り返すが，結局のところファシリテーターとメンバーとの間に共通項を形成することは困難であった。ファシリテーターはメンバーに，これまでとは違った「新しい授業」を行うという目標を提示し，教師としての役割を持ち込んだ。しかしながらメンバーにとっては何をすればよいのかわからない戸惑いのほうが強かった。新しい「授業」というのは教師であるファシリテーターにとっては興味のあるテーマであっても，学生であるメンバーには，そうではない。その結果，メンバーとしても，教師－学生という構造のなかで，学生としての役割をとらざるをえなかったと考えられる。長谷川ら（1983）は教師がファシリ

第2章 ファシリテーター加入プロセス

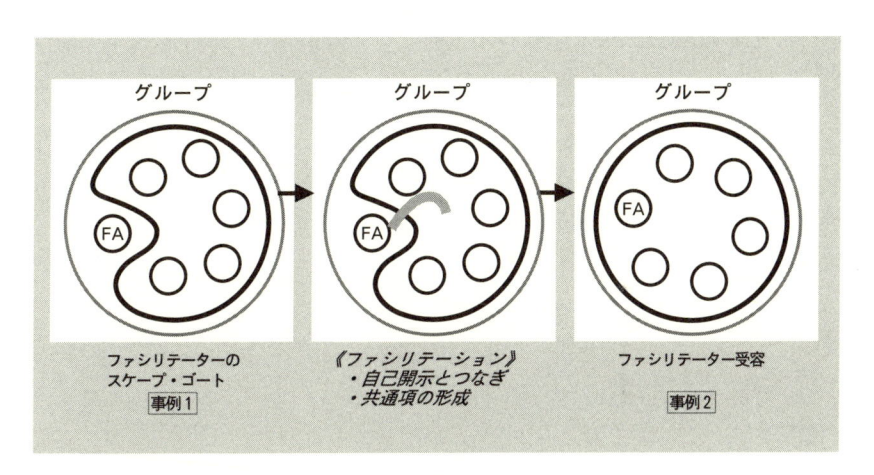

```
[グループ]              [グループ]              [グループ]
 (FA 外側)    →    (FA 境界で)    →    (FA 内側)

ファシリテーターの    《ファシリテーション》    ファシリテーター受容
スケープ・ゴート      ・自己開示とつなぎ        
                    ・共通項の形成
 事例1                                        事例2
```

図2　ファシリテーター加入のためのファシリテーション

テーターの場合には，メンバーはファシリテーターに「先生」として，通常のグループの場合よりも権威を認知することを指摘している。

　これに対して事例2では，ゲームをみんなで行うことにより，ファシリテーターはメンバーとの間に共通体験（共通項の形成）が出来た。ゲームは既存の役割構造（教師－学生）を解体するために，メンバーにとっては，最も都合のよいものかもしれない。しかしながら，事例1の場合のように，「授業」を標榜する教師としてのファシリテーターには，逆に受け止めることが最も困難なものかもしれない。

　この事例の場合には，ファシリテーターはゲームによってメンバーのひとりになれるかを試されたわけであるが，必ずしもゲームとは限らない。ファシリテーターを試すための共通項（共通性）は，言葉や遊び（野島，1996）やアクション（安部，1998b）あるいは逸楽行動（中田，1999）と呼ばれるものであってもよいであろう。　すなわちファシリテーターは，メンバーからの様々な提案を，グループとファシリテーターをつなぐ共通項として理解する人であるかどうかを問われるわけである。Beck（1974）はグループの成功要因の一つに柔らかさ（flexible roles）を挙げているが，既知集団

のファシリテーターにはメンバーの様々な試みを，ファシリテーターとメンバー全体をつなぐ共通項として受け止める柔らかさが求められる。

第3章　ファシリテーター共存プロセス

第1節　ファシリテーター加入プロセスから
　　　　　ファシリテーター共存プロセスへ

　ファシリテーターはグループからメンバーとしての加入を認められると，次にグループの中で「メンバー（仲間）のひとり」として，一緒に居る共存プロセスへとグループ・プロセスは移行する。
　以下の事例3では，グループ・プロセスのなかでファシリテーターはグループ（メンバー全体）から，どのように認知され仲間として受けいれられるのかを「ファシリテーター対グループ（メンバー全体）」というかたちで，セッションごとに記述する。（なお「ファシリテーター対グループ（メンバー全体）」を「ファシリテーター対メンバー」として表記する。）

【事例3】ファシリテーターが仲間のひとりとして受けいれられた事例

1．グループ構成

　メンバーは看護学校生であり15名（A～Oと記述する）である。エンカウンター・グループは初参加であり同年齢層（19歳と20歳）である。同じ寮生活をしており同一の職業志向をもっている。エンカウンター・グループは2泊3日の集中宿泊形式で実施された。セッション数は11回，総計

18時間であり、ファシリテーターは1名（筆者）である。

2．グループ・プロセス

第Ⅰ期：ファシリテーター加入プロセス（S1～S5）
S1：「自分を知らせる」ファシリテーター対「試す」メンバー

　見知らぬファシリテーター個人とメンバー全体が出会う最初のセッションである。お互いがどんな人物であるかをまずは知るところから始まる。ところが知られていないのはファシリテーターひとりである。そのため，ファシリテーターは自分がどんな人物であるかをメンバーに知らせると共に，グループ体験への期待や現在どんな気持ちで居るかなどを率直に述べる。これに対して，メンバーからファシリテーターはどんなところを旅行したことがあるかなど，ファシリテーターを知ろうとする質問が出る。とくに，Eさんが積極的にファシリテーターに質問をし，グループを盛り上げようとする。グループ全体の動きとしては緊張しているものの，少しずつ和らぐ。Aさんは「おとなしい。やや遠慮がちである。旅行の話ができたことに満足している。もう少しみんなが構えずに居られたらと思う」と述べている。

　〔メンバーによるファシリテーターの受け止め方〕
　　〈面白さ〉　共通点があるので面白そう（A）。一つのことからいろいろ話が出てきて面白い（E）。一生懸命に話していた（H）。とても話上手（M）。
　　〈楽しさ〉　楽しい（C）。楽しい方だ（D）。
　　〈親しみやすさ〉　親しみやすい（B）。親切（F）。優しい感じ（G）。親しもうとしている（J）。
　　〈ファシリテーターへの共感あるいは同情〉　メンバーの発言が少なくやりにくそう（I）。一生懸命語りかけているが，学生側の意欲，反応が欠けている（K）。
　　〈リーダー役〉　みんなをまとめているようである（N）。現在，ファシリテーターがリーダー的役目をしている（O）。

〈その他〉　よくわからない（L）。

　メンバーにとってファシリテーターは，まずは〈面白さ〉や〈楽しさ〉や〈親しみやすさ〉といった肯定的感情の対象として体験されている。なお，Aさんは「（ファシリテーターとは）共通点がいくつかあるので面白そう」と「共通項」を見つけている。

S2：「傾聴する」ファシリテーター対「知らせる」メンバー

　メンバーがファシリテーターに自分を知らせるセッションである。メンバーからの提案があり，ひとりのメンバーが誰を紹介しているのかを当てる他己紹介が行われる。ファシリテーターはメンバーがどんな人たちなのかを知るために，途中，余計な口出しはしないで，メンバーの紹介を聞いている。Bさんはこのセッションの感想を「他己紹介をしながら楽しく，みんなが話せる雰囲気になってきている。みんなのことを知った」と，またJさんは「少し慣れてきたが，あと一歩遠慮がみられる」と述べている。ファシリテーターがメンバーの話に熱心に耳を傾ける姿は，メンバーにどのように受け止められただろうか。

〔メンバーによるファシリテーターの受け止め方〕
　〈緊張感がほぐれる〉　だいぶ慣れた（A）。緊張感がほぐれて，話すとき緊張しなくなった（G）。場に解け込んでいたと思う（H）。一緒の仲間として一緒の輪の中にいる（M）。
　〈親しみ，ポジティブなイメージ〉　服を替えられ若々しくなり，ますます親しみやすくなられた（B）。のんびりしている（C）。優しい（D）。普通の人（F）。落ち着いた方（K）。
　〈一生懸命さへの理解〉　名前を覚えようと一生懸命だった（E）。みんなの様子をつかもうとしていたと思う（I）。いろいろな地方についてご存じだと思う（L）。
　〈存在感がない〉　よくわからない（N）。あまり存在感がない（O）。変化なし（J）。

ファシリテーターに対して〈緊張感がほぐれて慣れて〉きており，〈親しみ，ポジティブなイメージ〉を持っている。ファシリテーターの〈一生懸命さ〉も何とか伝わっている。ただ，NさんとOさんの二人にとっては第1セッションでファシリテーターを「みんなのまとめ役」(N)，「リーダー的役目」(O) として受け取ったためか，第2セッションのファシリテーターをどのように受け止めてよいかわからなくなったようである。

S3：「つなぐ」ファシリテーター対「途切れそうになる」メンバー

第1セッションでファシリテーターが自分を知らせ，第2セッションではメンバーが自分たちを紹介した。一通り，お互いの挨拶が終わり，多くのメンバーはファシリテーターに対して肯定的な印象をもった。Mさんは「一緒の仲間として一緒の輪の中にいる」と述べている。

さて，これからどのように動いていくのか。ファシリテーターとしてはメンバーに任せている。メンバーは自発的に，恋愛，異性，結婚，子供のことなど，あるいは看護の勉強の日常から離れてみたいといった脱線願望の話題を提供していく。ときに話が流れたりするが，自分たちで話題をつくっていく。Iさんは「少しずつ個人の意見が出てきたように思います。恋愛とか自分について等，みんなの考え方に接することができてよかった。なごやかな雰囲気になれた。でも積極的に発言できなかったのが不満」と述べている。

ファシリテーターはメンバーの話題が途切れたときなどに「つなぐ」ことで話題の展開をしやすくしたり，また話題に参加しにくそうなメンバーにときおり声をかけるなどする。あとはもっぱらメンバーの話に耳を傾けている。

〔メンバーによるファシリテーターの受け止め方〕
　〈安心感・聞き手〉　受容的 (A)。一人ひとりの話を本当によく聞いて下さって安心して話せる (G)。聞き方がうまい (K)。会話に手をだすことなく加わっている (H)。

〈的確なアドバイス〉　ときどき言われる言葉が，メンバーから出されたことに的確にアドバイスされている（B）。その場に応じたアドバイスがなされていてよかった（I）。

〈進行役〉　話の進み具合をよくしてくれる（C）。優しく，話題がずれないようにしている（D）。いろいろ話していただいて面白い（E）。面白く話を進めてくれる（M）。まとめ役という感じ（N）。

〈なじんできた〉　最初は緊張していたがグループのなかに解け込んできた（F）。だいぶなじんだのではないか（O）。

〈その他〉　特になし（J）。特になし（L）。

ファシリテーターは緊張が解け，グループになじんできている。ファシリテーターは自分の話をしたり〈アドバイス〉をしたりすることもあるが，どちらかというとメンバーの話に耳を傾け〈進行役〉となっている。メンバーから〈安心〉して聞いてもらえる存在として認められてきた。メンバー同士の相互作用が活発になればなるほど，話題が「ずれ」やすくなりがちである。それらの「ずれ」を軌道修正してお互いの言いたいことや気持ちが「通いやすい」ようにファシリテーターは働きかけている。

Ｓ４：「打ち解けてきた」ファシリテーター対「仲間という気がしてきた」メンバー

このセッションで第１日目が終了する。集中的に合宿形式で行うグループ体験の場合には第１日目をどのように終えるかで，そのグループ体験のおよその成否が決まる印象が強い。特に第１日目の夜までに，グループ体験に対するある程度の満足感を得ることが出来るかどうかが大きな意味をもっている。

メンバーからゲーム「レッツ・ゴー」の提案があり，みんなで行う。また途中で懐かしのテレビ番組について語りあう。ファシリテーターはメンバーの提案についていきゲームや話題に積極的に参加する。メンバーはゲームに興奮し，グループに活気が出てくる。Ｈさんは次のように述べている。

「楽しく全員がゲームに参加していた。あっという間に時間が過ぎてとても楽しめた」。ただ，Bさん，Jさんは疲れたと言い，Kさんは相変わらず風邪の調子がよくない。部屋に帰って休んでいたら，と声をかけるが，みんなのところに居るほうがいいとセッションに参加している。

　第1日目を終えるにあたり，ファシリテーターとしては参加しているメンバーには安心感をもつが，体調が悪くグループ体験に関与できていないメンバーが最も気になる。

〔メンバーによるファシリテーターの受け止め方〕
　〈全体に対する働きかけ〉　全体をみている。リズムをつくっている（A）。みんなを和やかにしている（D）。
　〈打ち解けてきた〉　解け込んでいた（C）。話の合わないこともあったと思うけれども，みんなに解け込もうとしていた（E）。みんなと解け込んでいる様子でした（I）。みんなに打ち解けてきた（K）。だいぶ私たちに解け込んでいる（N）。
　〈仲間という気がしてきた〉　仲間という気が少しずつ出てきた（L）。一緒に遊びに加わることができる（M）。
　〈好感〉　良い人ですね（F）。話しやすい感じ（G）。とても好感がもてました（H）。
　〈疲れぎみ〉　少々疲れぎみのようでした（B）。お疲れさまでした（J）。
　〈その他〉　少し体を動かせたこと（O）。

　ファシリテーターはメンバーから相当に〈打ち解けて〉きていると受け止められており，また〈好感〉を持たれている。一方，ファシリテーターはKさんが風邪で調子が悪いことが気になっている。

　なお，〈疲れ〉に対する感受性は，看護師を目指すメンバーたちにとっては独特なものがあるようである。

S5:「入り込む（解け込む）」ファシリテーター対「愛想のない」メンバー

初日，ファシリテーターは「見知らぬ」人であったが，2日目となりメンバーはファシリテーターに対して肯定的感情をもち「解け込んでいる」印象をもっている。

合宿形式の場合，朝のセッションはどちらかというとメンバーの「のり」が悪い。すぐにエンジン全開というわけにはいかない。しばらくは目覚ましの時間が必要である。メンバーは自分たちで何をするかを決め，活発に腕相撲大会などの自発的活動を展開する。ファシリテーターもメンバーの自発的活動にのり，一緒に動く。

一緒に動くなかで，ファシリテーターは自分もメンバーのひとりとして，心理技法（フォーカシング）を学ぶことについて「提案」してみるが愛想なく拒否される。拒否されたことにファシリテーターとしてはメンバーの意志というか強さを感じた。嫌な感じはしなかった。

グループの雰囲気は「一つの家族の中に入っている感じ」（C）になり，グループ全体はまとまってきた。Kさんの体調もよくなってきた。

〔メンバーによるファシリテーターの受け止め方〕
〈グループに入り込んでいる〉 メンバーに入り込んでいる（A）。自然な存在（B）。解け込んでいた（C）。自然に解け込んでいる（D）。自分が少し近づいたような気がする（G）。自然にグループに解け込んでいた（H）。グループのメンバーである（J）。グループの中に入っている（K）。
〈がんばり，気遣い〉 少しでもみんなをのせようとがんばっていた（E）。気を遣ってくれている感じがすごくする（F）。
〈話題提供，まとめ役〉 一種の話題提供者（M）。グループをまとめている（N）。話題を提供するというかたちだが方向づけをしようとするところがある（O）。
〈一緒に楽しむ〉 一緒に楽しめたと思う（I）。
〈その他〉 特になし（L）。

ファシリテーターはグループに〈解け込み〉，一緒に動くことができるようになったこの段階で，いちおうの仲間入りが認められたと思われる。ただ，提案などを拒否されたことなどからすると「新入り」としてということになるであろう。〈気を遣い，がんばる〉かたちでなんとか仲間に入れてもらったということになるのかもしれない。

第Ⅱ期：ファシリテーター共存プロセス（S6～S11〔最終〕）
S6：「みんなを観ている」ファシリテーター対「模索する」メンバー

ファシリテーターはなんとかメンバーの一員として認められたことにより，メンバーに加えてもらうという課題（ファシリテーター加入プロセス）は達成された。また，グループにとっても「見知らぬ」ファシリテーターを受けいれる課題は終わったことになる。では，次の課題は何か。新しいメンバーとしてのファシリテーターも加えて何を行えばよいのか。メンバーは様々な話題を提供しながら「本当に話したいことは何なのか」を模索する。

メンバーからの提案で尊敬できる人について語り合う。メンバーは活発に自分の尊敬できる人について話題を提供する。ファシリテーターも自分の劣等生体験や尊敬する恩師のことなどを語る。グループのなかにメンバーの話に耳を傾ける雰囲気が出来つつある。「いろんな話を聞くことが出来てよかった。みんな経験が豊かだ。聞くのも話すのも楽しい」(D)。また，風邪で調子の悪かったKさんもやっと調子が出てきた。「気ままに思いつくまま，それぞれが意見を出している。楽しい。やっと自分から意見が出せるようになった」と述べている。ただ，Jさん，Lさんの体調がすぐれない。

〔メンバーによるファシリテーターの受け止め方〕
〈みんなを観ている〉　なかに入りながら全体をみている(A)。みんなの意見を傍観しているようにも思う(E)。みんなの動きをみているような

感じ（I）。まとめ役（K）。
〈打ち解けている〉　自然な存在（B）。打ち解けている（D）。
〈話に耳を傾ける〉　時々話を入れ，他は皆の話を聞いていた（C）。話に黙って耳を傾けていた（H）。何となく話をしていた（O）。話に参加した（N）。
〈仲間意識〉　仲間として意識している（M）。よかった（G）。
〈その他〉　別になし（F）。変化なし（J）。特に変化なし（L）。

メンバーの話に耳を傾けているファシリテーターであるが〈なかに入りながらみんなをみている〉感じを与えているようである。ファシリテーターとしては傾聴するばかりでなく，自分もそのときの話題に関わり，話をしているつもりだが，メンバーにとっては「みられて」いると映っているようである。

Ｓ７：「圧倒される」ファシリテーター対「盛り上がる」メンバー

グループの話題として「異性」のことが取り上げられる。日頃，同性だけで生活しているメンバーにとって，異性としての男性はもっとも興味ある存在であるだろう。メンバー自身の男性観や男性との交際について話題が盛り上がり，話は尽きない。そのことは男性としてのファシリテーターの出番ですよということであろうか。

ファシリテーターも男性としての立場から，女性に対する考え方や感じ方を率直に述べる。メンバーとしては男性と女性の感じ方や発想の〈違い〉に驚いたようであった。グループの雰囲気は活発であり，メンバーの仲間意識はお互いの経験を交換するなかで強まっている。メンバーの発言の態度にぎこちなさが消え，聞く姿勢がグループにさらに強く感じられる。

〔ファシリテーターに対するメンバーの受け止め方〕
〈全体・進行〉　あまり口をひらいていないメンバーに話しかけるなど，全体をみている（A）。話のなかに入っている。進行っぽいところもある（D）。

〈聞き役〉　あまり話さない（C）。口をはさむことなく聞いていた（H）。みんなの話を聞いている（I）。話を聞いている（N）。聞き役にまわっている（O）。

〈自然な存在〉　自然な存在（B）。自然な感じでグループに解け込んでいる（F）。自然に話せるようになった（G）。違和感はない（K）。仲間（M）。

〈圧倒されている〉　みんなの話に圧倒されている（E）。圧倒されているようにもみえる（J）。

〈その他〉　特になし（L）。

ファシリテーターは〈聞き役〉として認知されているが，だんだんと気になる存在ではなくなってきており「違和感」はない。ただ逆に，〈圧倒されている〉感じが出てきている。メンバーが「話したいこと」を話せるようになることはファシリテーターを「圧倒する」ことになるのであろうか。

S8：「問いかける」ファシリテーター対「問い返す」メンバー

グループ体験の最後の夜である。通常，最後の夜のセッションが最も深まりやすい。

ファシリテーターはメンバーに対して「本当に話したいこと」を話せているかどうかを問いかけた。この場に満足しているかどうか，それぞれの気持ちを聞かせてほしいと訴えた。またメンバーからもファシリテーターに対して直接に不満が出された。聞くだけでなくもっと動いてほしい旨の要求があった。お互いがお互いの在り方について，これでよいのかと問いかけあった。

また，メンバーはそれぞれの「看護」に対する自分の思いを率直に語った。ファシリテーターもひとりのメンバーとして，自分の肉親の病院での死を話し，人間味ある看護について訴えた。

第3章　ファシリテーター共存プロセス　　　　　　　　　55

〔メンバーによるファシリテーターの受け止め方〕
　〈同じ仲間という感じ〉　合わせている（A）。解け込んでいる（C）。違和感がなくなってきた（J）。同じ仲間同士（M）。みんなと一緒のことをして，仲間という感じ（O）。
　〈ポジティブ・イメージ〉　おだやか（D）。なじもうと努力されていた（E）。いい人であるというイメージをもった（H）。一生懸命が印象的だった（I）。表現能力がある（K）。
　〈楽しさ〉　楽しく過ごしているようでよかった（F）。一緒に楽しんでいただいたようでうれしかった（G）。
　〈疲れへの共感あるいは同情〉　みんなの元気さに驚いていたようだ（N）。今日一日お疲れさまでした（B）。
　〈その他〉　特になし（L）。

　ファシリテーターが新入りから対等なメンバーとなったセッションである。メンバーとメンバーが，そしてファシリテーターが本当に話したいことを話せているかどうかを問いかけあった。メンバーはファシリテーターに〈同じ仲間という感じ〉を抱き，〈ポジティブなイメージ〉をもった。前のセッションの〈圧倒された〉ファシリテーターの印象は消え，〈楽しんで〉いるファシリテーターの姿が登場している。

Ｓ９：「自分を出す」ファシリテーター対「引きこもる」メンバー
　３日目（最終日）の朝である。初日のような居心地の悪さはない。お互いがどんな人物なのかということもわかっている。ファシリテーターは自分の専門分野の心理技法（「イメージ・フィードバック・ゲーム」および「フォーカシング」）の提案を行う。第５セッションのように拒否されることはなく受けいれられる。
　メンバーがファシリテーターの出番を用意してくれた感じであり，メンバーは興味をもって，結構のって過ごす。そのことはファシリテーターがメンバーのひとりになったことをも示していると考えられる。グループは「楽しく一つの家族みたい。グループの中では安心して話すことができる」

(B) という雰囲気になってきており，和やかな感じである。

〔メンバーによるファシリテーターの受け止め方〕
　〈解け込んでいる〉　解け込んでいる (A)。一生懸命私たちを理解しようとしている (B)。
　〈専門家〉　指導的立場 (C)。専門家だから何か傍観されていた (E)。ファシリテーターの専門知識が活かせてよかった (I)。すごいなあと思った (G)。「心理学の先生」という感じ (K)。指揮者 (M)。提供者となった (N)。心理学の専門家としての立場から話が聞けた (O)。
　〈調整役〉　スムースにしてある (D)。気を遣ってくれて感謝している (F)。よく私たちにつきあえるなあと感心 (L)。良い感じ (J)。
　〈その他〉　なし (H)。

ファシリテーターが「自分を出した」ぶんだけメンバーには〈専門家〉としてのイメージが強く映っている。また「気を遣ったり」，「スムースにしたり」など〈調整役〉といった印象も持たれている。ファシリテーターとしては，セッション後に「ひっぱりすぎたかな」という感想を持った。

S10：「一緒に楽しむ」ファシリテーター対「主人公に戻った」メンバー

　残すところ，あと1セッションとなり「終結」に向けての準備である。
　何か新しいテーマを扱うというよりは，これまでのまとめをファシリテーターは意識しつつある。前のセッションではファシリテーターが主人公となってしまったが，このセッションではメンバーが主人公に戻る。メンバーから歌，ウィンク・ゲーム，なぞなぞが提案されて行う。ファシリテーターもこのセッションではメンバーの動きにのる。「みんなは活発に動いていた。ゲームも楽しく，みんなと解け込めたと思う」(I)。メンバーは自発的に動き，無理なく歌や話題を提供できている。「全員参加で，みんなで一緒に」(L) 楽しんでいる。風邪に悩まされたKさんも「ゆとりのある楽しい集いでよかった。最初はのらなかったが，今はとても楽しい」と調子を取り戻した。

〔メンバーによるファシリテーターの受け止め方〕
〈解け込んでいる〉 ずいぶん解け込まれている（B）。解け込んでいる（C）。みんなのなかに解け込んでいる（E）。解け込んでいる（H）。グループによく解け込んでいる（K）。
〈仲間〉 仲間みたい（J）。仲間（L）。仲間（M）。
〈楽しんでいる〉 一緒に楽しんでいる（A）。なごやか（D）。やさしい。一緒に楽しんでいた（G）。楽しそうでした（I）。みんなと一緒に遊んで楽しかったのではないか（O）。
〈圧倒〉 私たちに圧倒されたみたい（N）。
〈その他〉 なし（F）。

　ファシリテーターはメンバーとして〈解け込み〉，〈仲間〉として一緒に〈楽しんで〉いる。Nさんが〈圧倒されたみたい〉と述べるようにメンバーが主人公となったセッションである。
　「終結期」では，ファシリテーターはメンバー全体をみて，それぞれのメンバーがうまく終わりを迎えることができるかどうかが気になる。何か未解決な問題を抱え込んでいるメンバーはいないかが気がかりとなる。したがってファシリテーターは全体をみることが多くなるが，そのことはメンバーにとって特別に意識はされていないようである。

S11（最終）：「同じメンバーになった」ファシリテーター対「今後も一緒にやっていける自信ができた」メンバー

　振り返りのセッションである。どのようにまとめるか。順番を決めてひとりずつ発言するのも一つの方法であるが，このグループ体験ではメンバーから一緒に食事会をしようとの提案がなされ，食事会となった。
　それぞれ何をするかを決め，パーティー（食事会）の準備にとりかかる。ことさら誰が何をするかを決めないでも，それぞれが必要なことがわかっているといった様子で活発に動く。ファシリテーターも声がかかれば手伝いをするなど，一緒に雰囲気を楽しむ。食事の準備ができたところで，それぞれ感想を述べあい，これまでの振り返りを行う。雰囲気としてはゆっ

たりとしており，のんびりとしている。ファシリテーターからあれこれ指示することはなく，メンバーによって振り返りが行われる。ファシリテーターもメンバーのひとりとして，このグループ体験の感想を述べる。

〔メンバーによるファシリテーターの受け止め方〕
　〈解け込んでいる〉　解け込んでいる（A）。私たちと同じメンバーになっていた（B）。解け込んでいた（C）。私たちに干渉することなく，参加してくださって解け込めていた（H）。みんなのなかに解け込めたのではないか（O）。
　〈年齢を感じさせない活発さ〉　活発（D）。年齢を感じさせない（K）。先輩。行動力がすごい（M）。私たちのペースに追いついていない感じがしたが，与えられた持ち場に一生懸命だった（E）。
　〈一緒に楽しむ〉　一緒に楽しく行動して下さっていた（G）。楽しんでいらっしゃるようにみえる（L）。
　〈同じ方向〉　みんなと同じ方向に向かって動いておられた（I）。
　〈感謝の気持ち〉　よくしてくれた。ありがとうございました（F）。A先生（ファシリテーター）でよかった。ありがとうございました（J）。
　〈大変さへの共感〉　大変そうだった（N）。

　ファシリテーターは〈解け込んで〉おり，〈年齢を感じさせない活発〉な印象をメンバーに与えたようである。終わりにあたってファシリテーターとしては，Ｉさんの〈みんなと同じ方向に向かって動いた〉という表現が気に入った。既知集団エンカウンター・グループではメンバーは同じところに帰るため，「終わる」淋しさはあっても「別れる」悲しさは少ない。別れるのはファシリテーターとグループ（メンバー全体）である。したがって別れる悲しさは，ひとりになってしまうファシリテーターに残ることになる。その悲しさをこの言葉は励ましてくれているように感じられるからである。

3. 考 察

　第1セッションから最終第11セッションまでを振り返ると大きく二つのプロセスとしてまとめられる。すなわち，ファシリテーターがグループ（仲間）に入る加入プロセスと，ファシリテーターがグループ（仲間）のひとりになる共存プロセスである。
　以下に二つのプロセスについて考察を試みる。

（1）「仲間に入る」加入プロセスと「解け込み」

　ファシリテーターが仲間に入る加入プロセスは，第1セッションから第5セッションまでである。ファシリテーターがグループのなかに入るプロセスである。ファシリテーターは自己を開示し，メンバーの「試し」を乗り越え（S1），一緒に動ける仲間として認められるようになる（S4，S5）。このプロセスはファシリテーターの「解け込み」としてメンバーから受け止められている。では，何がファシリテーターの「解け込み」を可能にしたのかを検討してみよう。第1セッションから第5セッションまでのファシリテーターの動きを振り返ってみると以下のようになる。

　「自分を知らせる」（S1），「傾聴する」（S2），「つなぐ」（S3），「打ち解ける」（S4），「入り込む」（S5）

　これらのなかでエンカウンター・グループに最も特徴的な活動は何かとなると，第1セッションの「自分を知らせる」と第4，5セッションの「打ち解ける」，「入り込む」になるであろう。その他の「傾聴」（S2）および「つなぐ」（S3）は個人カウンセリングあるいはグループ・カウンセリングと共通することであり，エンカウンター・グループだけの特徴というものではない。
　したがって「自分を知らせる」，「打ち解ける」，「入り込む」働きが，メンバーがファシリテーターを「解け込んでいる」と認知するうえで大きな

影響を与えたと考えられる。安部 (1982b) はエンカウンター・グループにおけるファシリテーターの特徴として，ファシリテーターの自己表明性を指摘したが，このことはファシリテーターが「解け込む」うえでも重要な要素となっている。ファシリテーターは見知らぬ自分が何者であるかを，メンバーに伝えないことには，仲間に入れてはもらえない。

　ただ，既知集団エンカウンター・グループの場合には「自分を知らせる」だけでは，十分ではない。「打ち解け」，「入り込む」ファシリテーターの行動のなかに「解け込む」ための別の要因が示唆されてはいないだろうか。そこで第4セッション，第5セッションをみてみると，ファシリテーターはメンバーの自発的活動にのり，一緒に動いていることがわかる。このメンバーの自発的活動を尊重して「一緒に動く」ことが，メンバーにファシリテーターを受けいれやすくさせてはいないだろうか。すなわちファシリテーターがメンバーと「一緒に動く」ことが「解け込む」ための重要な働きをしていると推察され得るのである。

　このファシリテーターのメンバーの自発的活動を尊重して「一緒に動くこと」は，第2セッションの「傾聴」がどちらかといえば静的であり，受身的にメンバーには映りやすいのに比して，動的であり積極的なファシリテーターのイメージであるということができる。一緒にゲームをしたりダンスをしたりして共に動くことで，メンバーはファシリテーターを身近に感じ，受けいれやすくなるという特徴がある。

　結局のところファシリテーターには，メンバーの自発的活動を尊重するなかで，メンバーと「同じ」何かを感じ，「同じ」ように動けるかどうかが問われることになる。この「同じ」という共通項こそが，前にも述べたように，グループ（メンバー全体）とファシリテーターを「同じ」仲間として結びつけ，ファシリテーターのグループ（メンバー全体）への「仲間入り」を促進していると考えられる。

（2）「仲間のひとりになる」共存プロセスと「自分を出すこと」

　ファシリテーターが「仲間のひとりになる」共存プロセスは，「解け込んだ」ファシリテーターがメンバーのひとりとして「自分を出していく」プロセスである。第6セッションから最終第11セッションまでがそれにあたる。振り返ってみると，以下のようになる。

　「模索するメンバーをみている」（S6），「盛り上がるメンバーに圧倒される」（S7），「メンバーに問いかけ，問い返す」（S8），「自分を出す」（S9），「メンバーと一緒に楽しむ」（S10），「同じメンバーになる」（最終S11）

　第6セッションの模索から始まり，第7セッションにおいてまず話題となったのは「異性」のことであった。自分たちとは「違う」性の話題であった。このファシリテーターが「仲間のひとりになる」共存プロセスは，ファシリテーターが「仲間に入る」加入プロセスで形成された「共通性（同じ）」を基盤にして，さらに「差異性（違い）」に焦点を当てたプロセスとして理解できる。
　第7セッションにおいてはファシリテーターとグループとの間にある「性の違い」だけでなく，メンバー間にある異性観や異性との交際のしかたの「違い」などが浮き彫りになった。また第8セッションにおいては，お互いに問いかけ，問い返すなかで，「同じ」看護を志望しながらも看護についての考え方や取り組みについて，メンバー間に「違い」があることもわかった。さらに第9セッションにおいてファシリテーターは「同じメンバーである」とはいいながらも，自分の専門性をだすことでメンバーとの「違い」が明確になった。
　では，なぜファシリテーターには「仲間のひとりになる」共存プロセスにおいて，他のメンバーとの「違い」を明確にするプロセスが生じるのであろうか。

第7セッションにおいてファシリテーターはグループに圧倒されているかのようにメンバーから認知されている。メンバーが盛り上がり，メンバー同士の一体化が進むと，ファシリテーターはグループのなかで，自分の存在感を問われることになる。すなわち，ファシリテーターはメンバーとして解け込めば解け込むほど，ファシリテーターとしての自分の存在を脆弱なものにしかねない。このことは安部（1997）において，メンバーの「自分の不在化」現象として取り上げられ論じられたが，同じことがファシリテーターにおいても起こりうるということである。すなわちメンバーの場合にはメンバーであるがゆえに，グループ（仲間）に極端に一体化することによって自分を失いがちになるが，ファシリテーターの場合にはグループ（メンバー全体）に「圧倒される」かたちで，同様の現象が起きてしまうことになりやすい。
　したがってファシリテーターとしてはメンバーに「問いかけ，問い返す」（S8）ことで自分を立ち上げることが必要なのであり，また自分を出すことで自分の主体性（個別性）を確認する（S9）試みが不可欠になる。ファシリテーターはそうすることによって「圧倒される」自分を守らざるをえないのである。
　このようにファシリテーターがメンバーとの間の「違い」（個別性）を明確にするために，あえて「自分を出して」いくことが，既知集団エンカウンター・グループにおけるファシリテーションの特徴である。通常の未知集団エンカウンター・グループではファシリテーターがあえて自分を出さなくても，もともとメンバーは違いをもった個人として参加しているわけである。したがって，ファシリテーターはむしろその存在感がわからなくなるほうがよいとされる。
　しかしながら既知集団エンカウンター・グループにおいては，メンバーは同質性をもったグループ全体としての性格が強く，ファシリテーターにはむしろ「自分を出すこと」によって，「違い」（個別性）を明確にすることが求められる。

第2節　ファシリテーター共存プロセスから
　　　　メンバー加入プロセスへ

　ファシリテーターが「自分を出して」，ファシリテーターとメンバーとの間の「差異性（個別性）」を明確にする試みは，次のプロセスであるメンバー間の「差異性（個別性）」を明確にする「グループによるメンバー受容プロセス」へと繋がっていく。すなわち既知集団エンカウンター・グループにおいては，ファシリテーターは「自分を出すこと」によって「仲間のひとりになる」というグループ・プロセスを促進する。

　ファシリテーターにとって，自分を出すプロセスは自己の主体性（個別性）を発揮するプロセスであるが，メンバーにとっても，グループの「みんな意識」の中に隠れてしまった自分を，ファシリテーターの問いかけによって取り戻す主体性（個別性）獲得のプロセスである。

　以下は，ファシリテーターがグループの「みんな意識」に対して，グループの外から（第Ⅰ期）あるいは内から（第Ⅱ期），グループ（メンバー間）の「差異性」に働きかけた事例である。

【事例4】ファシリテーターが「グループ（みんな意識）」へ問いかけた事例

1．グループ構成

　メンバーは看護学生であり，10名（A～Jと記述する）である。全員が20歳であり，初参加である。エンカウンター・グループは集中宿泊形式（3泊4日）で行われ，セッション数15回，総計23時間であった。ファシリテーターは1名，筆者である。

2．グループ・プロセス

第Ⅰ期：ファシリテーターによるグループの「外から」の問いかけ

　第1セッションが始まり，ファシリテーターは「みんなと親しくなりたい」とグループ（メンバー全体）に呼びかける。これに対して，メンバーから自己紹介をしようという提案があり，ファシリテーターも自分の日常生活やグループ体験に対する自分の関心を述べる。

　自己紹介が一段落したところで，ファシリテーターはグループ（メンバー全体）にエンカウンター・グループのイメージを聞く。これに対して自分を変えられる怖いイメージを持っていることが語られる。そして「日常，寮で話しているし，あまり無理して話す必要はないんじゃないかと思っています。みんなはお互いにわかっていますから」という発言となって現れる。

　これらの発言に対してファシリテーターは，「人の心を引き回すつもりはない。ただ僕自身としては，みんなといろんな形で関わりたい」と自分のグループに対する態度を表明する。これに対してメンバーのEさんから「恐れて言わなかったら，寮にいるのと同じじゃないか。自然の成り行きでいいんじゃないかと思う」とグループ体験に前向きの応答があり，ファシリテーターは「怖い感じとは違った，なんか別の感じをもった人もいるみたい……」と，グループ体験を肯定的に捉えようとするメンバーがいることを取り上げる。

　最後にファシリテーターは，「ここだけでの体験だから大切にしたい」ことと，「怖いなってイメージがあったけど（笑い），僕は少し安らぎ，ちょっと緩んだ感じです」と今の自分の気持ちを述べてセッションを終える。

　第2セッションに入り，Eさんから自分の性格とか，生い立ちとか，どうやって小さいころから育ったとかを語ろうと提案がある。メンバーはそれぞれの性格や生い立ちを語る中で，今まで知らなかったメンバーの一面に気づく。それに対して「本当？」とか「エーっ！」といった驚きの声が

あがる。ファシリテーターはそのことに対して,「僕なんかからみると,今話したことも,みんな知っているのかなあって気もしてたけど,意外とみんな知らないんだね。(ウーンというざわめき),それ聞いて,なんか驚いた感じで……」と意外にお互いを知らないことを指摘する。

このことをきっかけとして,寮に住んで同じ部屋であっても,お互いの内面を話すことは少ないことがグループで語られる。

以上のように,グループ(メンバー間)に共有されていた「みんなはお互いにわかっているから,無理に話す必要はないと思う」という「みんな意識」は,メンバーの自己開示を通して「知らないことがあること」に気づくことによって解消していった。

第Ⅱ期:ファシリテーターによるグループの「内から」の問いかけ

第5セッションが始まるが,実習,クラスの人気者の話などが30分ほど続く。ファシリテーターはメンバーの話に耳を傾けていたが,だんだんとついていけなくなる。はたして,メンバーは話したいことを話しているのだろうか,という思いが強くなってくる。

しかしながら一方では,メンバーは話したいから話しているのだろうと流れに逆らうことが出来ないまま,グループのなかに居る。しかし,ファシリテーターには,この場に居てメンバーと一緒に居る感じがしなくなり,次のようにグループに問いかける。

「何か面白くないって感じがものすごくあるんよね。面白くないなんて言うと,いけないというように受けとられてしまうんじゃないかと不安になるけど,みんなが話していることは,やっぱりみんなにとって必要な話題なのかなって気がするんよね。」

このファシリテーターの問いかけによって,メンバーは時間を無駄にしたくないという焦りと話題がなくなってしらけるのではという不安から,饒舌になっていたことが明確になる。

「私は，はっきり言って，面白くないというのがわからなかったんですね。で，（メンバーのHさんに）言われて初めて気がついたんです。……，ぽんぽん，喋ってたんですけどね。面白くないと思っている人がいるのに，気がつかなかったんです。」

また別のBさんは「私は面倒くさいなと感じてたのだけれども。いつも話していることの繰返しがあったし……。グループ体験でしかできない話をしたいなって考えてたのだけれども……。これでいいのだろうかと思うけどパッとは言えないし，……」と，このままでいいのかという疑問を感じながらも，「饒舌」に参加していたことを語った。

3. 考　察

（1）　外と内からの「差異性（個別性）」の指摘

第I期にみられる「みんなはお互いにわかっているから，無理に話す必要はないと思う」というメンバーの「みんな意識」は，グループがファシリテーターを受容する前の，見知らぬファシリテーターに対する恐れや不安をグループとして反映したものであろう。

これに対して，第II期の「自分は話したくないけど，他のメンバーは話したいであろうから話題にのる（参加する）」という「みんな意識」は，ファシリテーターをひとりの仲間として受容した後に，仲間として「一緒に」やっていく際に，発生したものである。

したがって，ファシリテーターのグループに対する「差異性の指摘」や「問いかけ」は，第I期の場合はグループの外からとなり，第II期の場合にはグループの内からとなる。

第I期では，ファシリテーターは，外からグループ（メンバー間）に働きかけて，メンバー全体で共有されている「みんな意識」に対して，その「差異性」を指摘してメンバーの個別性を強調する。では，ファシリテーターはグループのどのような違いに対して働きかけるのであろうか。

既知集団ではメンバーの参加動機は多様であるが，むしろこの多様さに

第3章　ファシリテーター共存プロセス

焦点を当てることが大切と思われる。決してみんな同じ気持ちでは参加していないことを知ることが，メンバーの「みんな同じ」だろう，という思い込みを溶解させるからである。メンバーはグループ体験に対する不安や恐れが強く，もう一つの側面であるグループ体験に対する「期待」がメンバー自身には見えにくくなっている。

したがってファシリテーターの働きかけとしては，メンバーそれぞれの参加動機の「違い」に焦点を当て，不安だけでなく期待にも眼を向けるように，メンバーの自己開示を促進していくことになる。

そのことによって，グループ体験に「自分を変えられてしまうのでは」と恐れを抱いているメンバーは確かにいるが，しかしながら，それでもグループ体験を日常生活とは違った場にしたいと期待しているメンバーもいることが明確になる。岩村（1981）はファシリテーターの自己表明がメンバーの自己表明を促進することを指摘しているが，事例にみるように「みんなはお互いにわかっているから，無理に話す必要はないと思う」というみんな意識は，メンバー自身の自己開示（自己表明）によって崩壊せざるをえないのである。

また，それぞれの性格や生いたちを語る自己開示（自己表明）のなかで，お互いを知っているつもりで意外と知らないことにメンバーは気づく。すなわち，ファシリテーターのグループの差異性（個別性）を取り上げる試みによって，メンバーは「みんな」同じであるという思いを持ちがちであるが，そうではないことを発見する。メンバー個人で「違って」おり，「みんな同じ」であるというのは「思い込み」に過ぎないことを認めることになる。

このように既知集団エンカウンター・グループでは，「みんな意識」の解消は，お互いの今まで知らなかった面に気づくだけでなく，お互いをさらに「知ろう」とするグループ体験への動機づけをも生み出すことになる。

(2)「内から問いかける人」としてのファシリテーター

第Ⅱ期における「みんな意識」はファシリテーターを巻き込んで，日常の仲間関係を反映したものとなっているのが既知集団エンカウンター・グループの特徴である。

事例4にみる「饒舌」という現象は，他のメンバーも話したいであろうという「みんな意識」と，話したくないけど話題にのるという「(日常の)仲間関係」から成り立っている。

したがって，ファシリテーターはメンバーが日常の話題に「饒舌」になればなるほど，取り残された感じをもたざるをえない。ファシリテーターは，メンバーと「一緒に」という感覚が持てなくなってしまい，「共存感不在体験」とでも呼ぶような体験を味わうことになる。

ファシリテーターの内的体験としては，グループの話題についていけない自分とグループに口を挟むことを躊躇う自分，の二つの自分を経験する。前者をより強く感じた場合には，グループに介入し方向性を与えたい誘惑にかられるし，後者の場合にはグループに流されていくことになる。

「自分はついていけないがメンバーは話したいのだろう」というファシリテーターの体験は，メンバーの「みんな意識」を反映したものであろう。また「あえて口を挟むことを躊躇う」体験は，メンバーの「(日常の)仲間関係」を反映したものであろう。すなわち，ファシリテーターは「みんな意識」と「(日常の)仲間体験」の両方を同時に，グループのなかで体験することになる。

したがって，ファシリテーターに要求されるのは，自分の，今・ここでの体験をメンバーに開示することによってグループの中に相互作用を起こすことである。すなわち，ファシリテーターは，二つの体験(気持ち)をグループに問いかけることによって，グループと「一緒に」という感覚を取り戻そうと試みる。

この第Ⅱ期の場合には，メンバー個人は今・ここでどんな気持ちなのか，本当に話したいことは何なのかを，「内から」グループに問いかけること

がファシリテーターの課題となる。

　ファシリテーターの，このようなグループに対する内からの問いかけは，エンカウンター・グループにおけるファシリテーターの「メンバーになる」という独自の在り方と関係する。Rogers（1974）はファシリテーターの純粋性（genuiness）について，次のように述べている。

　「自分が体験しているいろいろな感情を利用できる。つまりそれを知覚できるということであり，また，これらの感情をもって生き，感情そのものになり，必要なときにはそれを伝達できるということなのである……ファシリテーターが自己を否定することなく真実の自分であるということなのである。」

　エンカウンター・グループにおけるファシリテーターを理解するときに，純粋性（genuiness）あるいは自己一致（congruence）は重要な鍵概念であることは間違いない。ただし，既知集団エンカウンター・グループの場合には，上に述べたように，ファシリテーターがグループの「みんな意識」を内から問いかけるなかで，メンバーの個別性を促進するかたちで genuiness あるいは congruence が求められるのが特徴である。

第3節　ファシリテーター共存プロセスにおけるファシリテーション

1．ファシリテーターの主体性の発揮 ── グループに問いかけること ──

　ファシリテーターはグループ（みんな意識）の中に入ってしまうと，ファシリテーターとして主体性を発揮することが難しくなってしまう。逆説的になるが，ファシリテーターはメンバーのひとりでもあろうとするためで

ある。すなわちファシリテーターが「メンバーになる」ことは，メンバーの気持ちを敏感にとらえることができる反面，仲間のひとりとしてメンバーと「なれあう」ことを好んでしまい，殊更，荒立てることを避けようとするメンバーと同様の心理機制を生起させるからである。

したがって，グループ・プロセスの中でファシリテーターが，グループの「饒舌」という現象に問いかけることは，つらい，せつない気持ちを味わうだけでなく，面倒くさい，しかたない気分にさせられる。自分も仲間の一員であり，仲間を告発することは自分をも告発することであり，またメンバーからの何らかの反発も予期せざるをえない。そのために，「みんな意識」にのってしまい，メンバーはしたいであろうという推察によりグループに方向性を与え，メンバーが自発性を発揮する機会を奪ってしまう。あるいは，「（日常の）仲間関係」に加担し，やはりメンバーがしたいであろうという理由のもとに，グループを黙視する結果になってしまいかねない。

しかしながら既知集団（仲間集団）は，この「みんな意識（日常の仲間関係）」を克服しないかぎり，表面的にはうまくいっても新しい仲間関係を獲得することは出来ない。既知集団のファシリテーターを仲間うちからではなく，外部から招く意味も，この点にあると思われる。仲間うちでは甘くなってしまうお互いの仲間関係を問いかけることが，ファシリテーターには期待されているのだと思われる。都留（1977）は次のように述べている。

「メンバー同士がお互いに甘くならないようにするのがエンカウンター・グループであると私は思う。お互いを厳しくいましめ合うものがないと，エンカウンター・グループのもっている温かさや受容的風土が十分に生きてこないと思う。」

2. 個別性（違い）の尊重 ── メンバー個人の保護 ──

エンカウンター・グループは，集団自体が個人療法の場合と比較して，集団の圧力としてメンバーに働きやすい。個人療法の場合には，セラピストがクライエントのペースを尊重して，クライエントのペースに合わせることが可能である。しかしながらグループの場合には，グループが凝集性を高めれば高めるほど，グループ全体 (as a whole) として機能しやすい。ややもすれば，個人は集団の圧力につぶされてしまいかねない。

したがって，ファシリテーターにはメンバー個人を保護する行動が要請され，メンバーに発言の機会を提供する配慮が必要である。

グループ体験の中では，言おうとすることを自分の中で推敲していると，いつのまにか，別の話題になってしまうなど，他の誰かが発言してしまって自分が発言するチャンスを失ってしまうことになりかねない。

Gendlin & Beebe (1968) は，グループ・セッションのための基本原則の中で，「グループ・リーダーは二つのことについてのみ責任がある。すべてのメンバーの所属性を保護し，もし耳を傾けてもらえないメンバーがいれば，その人が話を聞いてもらえるように保護することである」と述べている。

ところで，ファシリテーターは，先にも述べたように，グループ（みんな意識）の「差異性（違い）」に働きかける。しかしながら注意しなければならないのは，このときにメンバーは自分のプライベートなことまでも吐露してしまいかねない点である。

すなわち，「みんな」同じであるという支えを一時的に失い，メンバーは不安定な状態に陥りやすい。「みんな意識」はメンバーの仲間（集団）への依存をも表現しているからである。特に，「みんな意識」からの脱却がグループのテーマとなっているために，親との死別などメンバーの「分離体験」を動揺させやすい。この一時的に不安定になった結果，自己を露呈することは，グループ・プロセスを促進する材料とはなりえない。

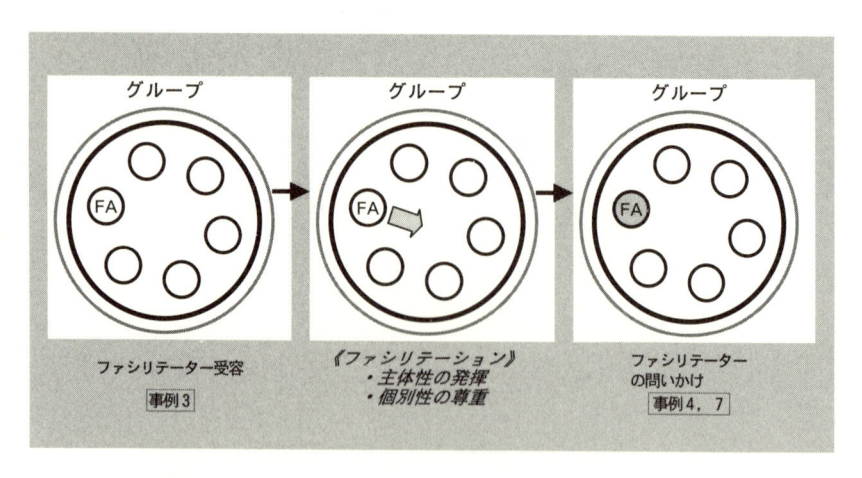

図3 ファシリテーター共存のためのファシリテーション

　受けとめる側はとまどい，本人にとって大切なことがグループの中で受け止められないという結果を生み出しかねない。ファシリテーターは，このような不安定な形で自己開示がなされることを避け，メンバーが本当に「自分をわかってもらおう」として，自分を語ろうとしているのかどうかを確認しなければならない。

　ところが，ややもすると，ファシリテーターはグループ・プロセスの促進という名目のために，個人のプライベートな発言を歓迎してしまいかねない。メンバーとしては言うつもりではなかったのに「のせられて」独白してしまった後悔を残すかたちになりやすい。すなわち，メンバー個人を犠牲にしてグループ全体が促進されるという，グループ体験本来の目的とは逆のことが行われてしまう傾向がある。

　ファシリテーターの役割は，あくまでもメンバー個人の発言をメンバーの心理的成長に役立たせることであり，そのために集団を活用することである。したがってファシリテーターとしては，グループがメンバー個人（の発言）を犠牲にしてグループとしての発展を遂げようとすることに対しては，強く抗議し保護する働きが求められる。

第Ⅲ部

グループによるメンバー受容プロセスに関する事例的検討

第4章　メンバー加入プロセス

第1節　グループによるメンバー受容

　グループによるメンバー受容プロセスに入ると，日常の仲間関係がグループ・プロセスのなかで顕在化する。これらの日常の仲間関係の問題点として，特定のメンバーのスケープ・ゴート（孤立や対立）あるいはメンバー相互の葛藤やいじめなどが挙げられる（岩村，2000；高橋，2003）。
　ファシリテーターは，スケープ・ゴート（孤立や対立）に対する保護や仲介，また個人間の調停や調整などの働きかけをグループ体験のなかで試みる。
　以下は，日常では対立し，仲間から外れているメンバーが，グループ体験のなかで自分をわかってもらおうと「仲間に問いかける」事例である。

【事例5】対立しているメンバーの事例

1．グループ構成

　メンバーは看護学生であり，10名（A～Jと記述する）である。全員が女性で19歳と20歳である。エンカウンター・グループは集中宿泊方式（3泊4日）であり，セッション総計は25時間であった。ファシリテーターは1名であり筆者が担当した。

以下に提示するグループ事例は，村山・野島（1977）の発展段階によれば「親密感の確立」（段階Ⅴ）あるいは「深い相互関係と自己直面」（段階Ⅵ）を達成した高展開グループである。

以下の事例提示では，第Ⅰ期：グループ（メンバー全体）によるファシリテーターの受容プロセス（S1〜S4）および第Ⅱ期：グループによるメンバー個人の受容プロセス（S5〜S9）——Dさんの「板挟み」のつらさ——の二つの期間に分けて述べる。

2．グループ・プロセス

第Ⅰ期：グループによるファシリテーターの受容プロセス（S1〜S4）

S1：（楽譜のない即興曲） メンバーは初めてのグループ体験に戸惑い，みんなで何をつくりあげるかを模索する。メンバーのJさんから「何をするんですか」とファシリテーターに質問があり，これに対して「これから皆さんと一緒にどんなことをするか決めていきたいと思います。自分のことを理解したり，もっと他の人を知ったりすること，それをみんなでやることに意味があると思います。楽譜つきのコンサートではなくて，楽譜のない即興曲をみんなで演奏しようとしているのだと思います」とファシリテーターは答える。

この場が，自己理解・他者理解の場であることをファシリテーターはメンバーに提示する。

S2：（助けられながらのゲーム） ファシリテーターは意欲や期待が低いJさんをはじめ何人かのメンバーに対して，「皆で何か思い出になるようなことをしませんか。プラス思考でやっていきませんか」と呼びかける。前のセッションで「プラス思考」という言葉をメンバーのIさんが使っていた。しばらく間があって，Aさんがゲームを提案する。Aさんはゲームの用意はしていたが，すぐにやろうとは言わないで，みんなの気分がのってきたところでゲームを提案する。ファシリテーターはメンバーに教えてもらいながら参加する。出来ないファシリテーターをメンバーが両脇から

助けながらゲームが進む。ファシリテーターは「さすが看護をめざす人だな。私はカウンセラーですけど，こんなふうに助けてもらえるといいな」とメンバーに返す。

ファシリテーターはメンバーに頼もしさを感じる。Aさんが提案したゲームはグループの仲間関係を強くした。

S3：(「一緒に」居る感じ)　Jさんの提案で，目覚ましの散歩に，近くの山小屋まで出かけるが，あまり居心地がよくないので，長居はしないで宿舎に戻る。セッションの部屋に全員で横たわり，ひと休みする。今日，春一番が吹いたらしいことをBさんが話題にする。ファシリテーターはメンバーとの間に「一緒に居る」感じを味わう。

S4：(グループによる共感)　昨年のグループ体験のことが話題になる。ファシリテーターにとってはつらいグループ体験であったが，メンバーのIさんが共感を示し，受け止めてくれる。そのことでファシリテーターは受け止められ，メンバーのひとりになれたことを実感したセッションである。

メンバーは日常を語るが，途中，「私達の話を聞いてもわからなくて面白くないでしょう？」とファシリテーターに話をふる気遣いをみせる。これに対してファシリテーターは「いいえ，皆さんの生活の様子を知ることができて面白いです。知らない話を聞くのが好きですから。皆さんがどんな生活をしているのか，あまり知らないですからね」と返す。途中，Iさんが「昨年のグループ体験はどうだったんですか」とファシリテーターに訊く。ファシリテーターは「昨年のグループ体験では，あまり受けいれられなかった」ことを，言葉に詰まりながら語る。「じゃ，今回は来たくなかったでしょう」とIさんが共感を示し，ファシリテーターの頷きに合わせて，「そうよね」と相槌を打つ。

ファシリテーターは昨年のグループ体験のつらさをメンバーに受け止められたことで，メンバーとの間に強く気持ちが通じ合うのを感じた。

この第I期では，グループ（メンバー全体）は見知らぬファシリテーター

を受容することに成功し，ファシリテーターは仲間として受けいれられた。

第Ⅱ期：グループによるメンバー個人の受容プロセス（S5～S9）
── Dさんの「板挟み」のつらさ ──

《フィードバックへ向けての準備》（S5～S7）

第5セッションから第7セッションは，メンバー相互の直接のフィードバックへ向けての心理的な準備セッションとなった。

簡単に紹介すると，第5セッションはメンバー全員で，イメージによる自己理解・他者理解を行う。Aさんはセッションの感想を，「自分のイメージしていたものと，他の人のイメージが，一致することもあれば，違うこともあって，まだまだ知らないところがあるなと思った」と，またEさんは「自分を出しやすくなった」と述べている。

第6セッションは3日目に入るが，グループは「気を遣わずに自由に居られる」（F）雰囲気になり，グループはファシリテーターを「ひとりのメンバーとして感じられる」（H），「私たちのグループにとてもなじんでいる」（C）と受け止めている。

第7セッションは，メンバーは戸外に出て身体を思う存分に動かし解放された感じを味わった。

以上のように，グループとしての仲間関係は一段と強まり，メンバー相互によるフィードバックの準備は整った。

ここでは，メンバー相互のフィードバックとして，Dさんの場合（「板挟み」のつらさ）を取り上げてみよう。メンバー同士の日常の軋轢（「板挟み」）を，メンバー相互のフィードバックを通して解決していく様子がわかる。

《メンバー相互のフィードバック─Dさんの「板挟み」のつらさの解消》

第8セッションに入り，誰ということなく，「日頃，思っていることを語り合ったらどうだろう」とフィードバックの提案がある。ファシリテーターも「そうだね，今日だったらみんなの気持ちもかたまってきたし，み

んなでわかりあえるのでは」と賛同する。

　ファシリテーターがまずメンバーからのフィードバックをもらいたいことを告げる。ファシリテーターへのフィードバックが一通り終わったあとに，メンバー相互のフィードバックへと移っていく。一人ひとりに時間を決めて進むというよりも，ひとりのメンバーへのフィードバックを手がかりにして，日頃感じていることを開示し，お互いにフィードバックするかたちで進んでいく。

　そんな中でDさんが，日頃，仲間外れにあっていることをグループに訴え，自分の日頃の思いをメンバーに問いかけた。

　Dさんは「板挟み」のつらさを語った。Dさんは学内の委員をしており，立場上，強くメンバーと接せざるをえないことが多かった。そのことでDさんは強く見え，嫌な人として受け止められていた。ただDさん自身は，学校側と学生側との間（あいだ）に挟まれて，つらい思いをしていた。

　Dさんは，あくまで委員として活動しているのであって，何か悪意をもってやっているのではないとグループに訴えた。また学校側と学生側の間に挟まれた自分のつらさもわかってほしいと繰り返した。しかしながら，Dさんの訴えはグループには，なかなか受けいれてもらえなかった。ファシリテーターは，Dさんのわかってほしいという気持ちがややもすると先走りして，Dさんを責めがちになるグループに対して，「この場は，責め合う場ではないんだから」と牽制しながら，Dさん以外のメンバーにも発言を促した。

　あくまで強い調子のDさんに対して，グループから「つらいのはわかるけど，言い方がとてもきつい。もっとやさしく言ってほしい」といった要求がなされる。これに対してDさんは「やさしく言っているつもりよ。相当に気を遣いながら言っているのよ」と，どうしてわかってくれないのかといった調子で言い返す。この言葉に対してIさんから「ほら，強いじゃない」と声がかかる。Dさんは，そのIさんの言葉で，自分の言い方の強さに気づいたみたいで，「そうね，強いね，強いよね」と，独り言のよう

に言う。

　しばらくグループに沈黙が続いた後，Dさんは「自分でも，そうかなとわかってはいるんだけど，やはり強い言い方になってしまう。後から，強かったかなと思ってしまう」とつぶやくように言う。

　長い沈黙のあと，Ｉさんからグループに「Dさんが強く言ったなと思ったときは，言いたくて言っているわけではないと，少し割り引いて考えるのはどうだろう」と提案がある。これに対してグループのなかでは，どちらかといえば世話役として慕われているＧさんから「Dさんが強く言ったなと私が思ったときは，強いよって言うから。でも私も，強く言いたくて言ってるわけではないから，私のも割り引いてね」と冗談めかして言い，笑いが起きる。

　このセッションでのメンバー相互のやりとりを通して，Dさんと他のメンバーとの間の軋轢は消えた。Dさんにとっては日頃の誤解を解き〈板挟み〉から脱する機会となった。

　最終セッションはグループ体験の振り返りとなったが，Dさんは以下のようなことを感想として述べた。

　「誤解がとけた。嫌われているだろうなと思っていたけど，私自身，嫌っていたわけではなかったのに，……。思い切って話してみることで，そうでないことがわかった。お互いの知らないことなんかも，たくさん知ることが出来た。これまで知っているかのように思っていたけど。」

　エンカウンター・グループ体験はDさんに「思い切って」話す場を提供した。このグループ体験は，Dさんばかりでなく他のメンバーにとっても，それまでの日常の仲間関係を見直し，新しい関係を築く場となった。

3．考　察

（1）　仲間に自分を問いかける体験

　日常生活の中では，なかなか仲間に自分を問いかける機会はない。本当はみんな，どう思っているのだろうか，あるいはみんなが思っている自分

は違うのだが,それを修正する機会がもてない。既知集団の場合,エンカウンター・グループは,そのような自分を仲間に問いかける場を提供する。

ただし,問いかけることは,果たして自分を受け止めてもらえるかどうか,わからないだけに勇気がいる。「自分を賭ける」といってもいいほどの思い切りをメンバーは求められ,自分を仲間に問うことはリスクを伴う行為となる。仲間に自分を受け止めてもらうことが出来なかった場合にはという不安がメンバーには強く働くことになる。

したがって,メンバーにとっては,グループのなかに自分を賭けるだけの安全感が形成され,メンバーの発言に耳を傾け,受け止められる雰囲気が感じられてこそ,自分を問いかけることが出来るのだと思われる。

このメンバーの「自分を賭ける」挑戦的な行為はエンカウンター・グループ体験の特徴の一つである。他の構成的なグループ・アプローチ(国分,1992,2000)などでは,エキササイズを用意するなどして発言をしやすくしリスクを低減するだけに,逆に自分を賭けるほどの挑戦的な場面に出合うことは困難となる。

(2) 仲間に自分を支えられる体験

したがってファシリテーターには,後に述べるようなかたちで,このメンバーの問いかけが,グループに確実に「受け止められ」,「つながる」ように働きかけることが期待される。

特にファシリテーターは,事例5のDさんの板挟みの事例にみるように,メンバー個人の自分をわかってもらおうとする問いかけを,仲間(みんな)で受け止めるために「グループ」に働きかける。すなわち,メンバー個人の発言をグループ全体で受け止め,メンバー個人がグループで支えられるという,日常にはないグループ・アプローチとしての利点を活用する。

日常では,特定のメンバーに支えられることはあっても,「仲間(みんな)」に支えられる経験はもちにくい。したがって,ファシリテーターはみんなで受け止めるために「グループ」に働きかけ,仲間関係(みんな意

識）の発展の促進を試みる。

第2節　メンバー加入プロセスにおけるファシリテーション
—— メンバー間の仲介 ——

1.「受け止め」と「つなぎ」

　ファシリテーターは，図4に示すように，グループ（みんな意識）から外れて孤立あるいは対立しているメンバー個人とグループの「間（あいだ）」に入り，「つなぎ（仲介）」の働きかけを行う。すなわち，メンバーの「問いかけ」が，仲間に「受け止められ」，他のメンバーに「つながる」ように仲介する。その際に，ファシリテーターはまず自分自身がメンバーの問いかけを受け止め，メンバーの味方になろうと試みる。

　既知集団の場合には，あのメンバーはわかってくれる，あるいは，あのメンバーとはわかりあえるはずがない，といった日常の人間関係が持ち込まれる。そのために，メンバーは聞いてもらいたい話題を持っていたとしても，わかってもらえそうにないメンバーがいると，受け止めてもらえるかどうか不安が強く，問いかけること（自分を出すこと）を躊躇する。したがって，ファシリテーターはメンバーが自分をわかってもらおうと問いかける場合には，メンバーを受け止め，他のメンバーから受け止められるように「つなぐ」働きかけを積極的に行うことが大切となる。

　誰か他のメンバーが受け止めてくれるであろうというファシリテーターの消極的な態度は，自分をわかってもらおうと問いかけるメンバーには強い不安を引き起こす。この問いかけるメンバーに対するファシリテーターの働きかけ（「受け止め」と「つなぎ」）が，他のメンバーの問いかける行動を促進するかどうかの成否を決定する。問いかけることを大切に扱ってくれる場（グループ）なのかどうか。大切に扱ってくれそうだというメン

第4章 メンバー加入プロセス

[図: 3つのグループ状態を示す図]
- 左: メンバーのスケープ・ゴート（事例5）
- 中: 《ファシリテーション》・受け止めとつなぎ・個人とグループの両方への働きかけ
- 右: メンバーの受容（事例5）

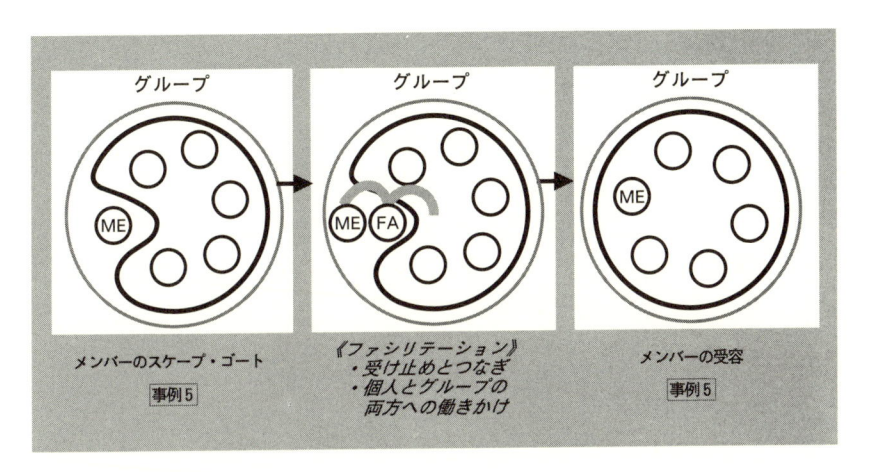

図4 メンバー加入のためのファシリテーション

バーの安全感が他のメンバーにも伝わると，ファシリテーターは，その後はメンバーに「受け止める」のを任せて，ひとりのメンバーとして参加することが可能になる。

　もし，そうでない場合には，自分をわかってもらおうと問いかけたメンバーは，受け止めてもらえなかった落胆やフィードバックが返ってこない苛立ちを経験することになり，仲間関係（みんな意識）から外れて孤立や対立をさらに強めかねない。

　したがって，ファシリテーターがメンバーの問いかけを受け止めるためには，Rogers (1957) の共感的理解，一致，無条件の積極的関心といったセラピストの3条件がファシリテーターに基本的に必要な態度であることは明白である。通常の個人療法の中で強調される積極的傾聴，感情の明確化，焦点化，温かい信頼関係の形成などは，ファシリテーターにとっても必要で有用な態度である。

　都留 (1972) は「……②わかろうとする──近づく，問いかける，③呼び覚ます──働きかける，誘い出す」，山口・穂積 (1976) は「……（3）メンバーのさまざまな気持ちに添っていられるような感じがもてること，……

(5) メンバーの発言を解釈しないで，発言しているときの気持ちを感じとれること」を指摘している。

このことは，エンカウンター・グループ自体が，Rogers（1951）のクライエント・センタード・セラピー（Client-Centered Therapy）の流れのなかで発展してきたことを考えれば，当然のことと言えるだろう。

2．個人とグループの両方への働きかけ

既知集団エンカウンター・グループの場合には，スケープ・ゴート（孤立・対立）に遭っているメンバーの味方になるだけでは十分ではない。

事例5の対立している仲間関係の仲介（Dさんの板挟み構造の解消）の場合には，一方の弱い側（Dさん側）だけの味方になるだけではなく，弱い側（Dさん）と強い側（Dさん以外のメンバー）の「間」に入り，両方に対しての働きかけが必要となる。このDさんと他のメンバーとの軋轢に対して，グループ構造の観点から，ファシリテーターの働きかけとして大事なことは，図4に示すように，両方の「間（あいだ）」に入ることである。

Dさんが他のメンバーから不満を過剰に向けられることによって，攻撃にさらされないようにDさん個人を保護するのは当然として，Dさんを受けいれやすいようにグループ（IさんやGさん）にも働きかけていくアプローチが必要である。Dさんだけを，一方的に保護しサポートするだけでは，Dさんと他のメンバーのこれまでの日常のバランス構造が壊れてしまい，Dさんを他のメンバーが受けいれることは，かえって困難になってしまう。グループを用いたアプローチの場合には，一部分（個人）を支えるだけでなく，全体（グループ）に対する働きかけが求められる。

このような個人だけでなくグループ全体へのファシリテーターの働きかけは，家族療法において家族をひとつのシステムとして取り扱うアプローチと共通するものがある。家族療法のパイオニアのひとりであるAckerman（1966）はその著書において，スケープ・ゴートについて1章（Rescuing the Scapegoat）を設けてグループ全体へのアプローチにふれてい

るし，Minuchin et al. (1996) はグループ全体に入るジョイニングという技法を提示し構造的家族療法を発展させている。また，亀口 (1992) は「境界膜」という概念を提出することによって，家族システムへのユニークなアプローチを開発している。

　また，野島 (2000) はファシリテーターの基本的在り方として，「個人の状態」と「グループの状況」を把握しようとする二つの視点を述べているが，既知集団の場合には「視点」だけでなく，メンバー個人とグループ全体の両方を促進するための「技法」が求められる。とくに，グループとしての性質をメンバーの心理的成長の促進として活用するためには，ファシリテーターには「個人」の発達・成長についての理解だけでなく，「グループの性質（構造・発展）」についての理解が必要不可欠となる。

　たとえば，畠瀬 (1977) はグループの促進機能として，連鎖現象，多側面からの鏡映，普遍化，行動化傾向，集団的均衡化，協力の集約現象，脱落者を防ぐ要求，平等への要求等を挙げている。しかしながら，これらのグループの現象をメンバーの心理的成長に役に立つかたちで，ファシリテーターは活用しうるか。

　すなわち，1対1の場面と違い，膨大なやりとりが交わされる実際のグループ場面で，ファシリテーターは，メンバーの発言の意図の確認，メンバー相互の発言のずれの指摘あるいは修正，メンバーへの発言の促しといった具体的な行動として，グループの性質（構造・発展）に働きかけることが出来るかどうかが問われる。

第5章　メンバー共存プロセス

第1節　グループからの安全感と自己の安心感

　グループ・プロセスは，日常生活で仲間から外れ，孤立や対立しているメンバーを仲間に加えるプロセスから，メンバー共存プロセスへと移行する。以下は，メンバーが自分を出しグループに問いかけるプロセスが進むにつれて，自己の否定的側面に捉れてグループから退き，「一緒に居ること（共存）」が困難になったメンバーの事例である。本事例を通して，メンバー共存プロセスにおけるグループの安全感およびメンバーの自己の安心感について検討を試みたい。

```
【事例6】退却しているメンバーの事例
```

1．グループ構成

　メンバーは10名であり，全員が顔見知りである。全員が女性であり，全員20歳で同世代である。職業としての方向性は全員が同一（看護）である。全員が初参加であり，期間は3泊4日の集中宿泊方式である。1セッションの長さは1時間30分を原則として，合計15セッションが実施された。ファシリテーターは1名であり，筆者が担当した。

2. グループ・プロセス

第Ⅰ期：なんとか話すNさん（S1〜S4）

S1：自分から言葉を発することで気分が楽になる

　メンバーはお互いにすでに知り合いであるため，ファシリテーターに対するメンバーの他己紹介で始まる。見知らぬメンバーが集まった場合のような「沈黙」はない。ファシリテーターが黙っていてもグループは話題を自らつくり出して進行する。Nさんは見知らぬファシリテーターに対して声をかけ，なんとか近づくきっかけを摑もうとする。

　「最初はどうも"先生"であるというイメージが強くて何も言えなかったけれど，他己紹介をきっかけとして，段々と打ち解けてきた。黙っているとおかしくなりそうなので，思いきってファシリテーターに話しかけることにした。自分から言葉を発することによって気分がずっと楽になった。」

　Nさんには，ファシリテーターを「先生」とみなして，何か先に話してほしいと依存する自分と，積極的に話していこうとする自分の葛藤がみられる。結果としてNさんは自分から話せたことに満足しており，ファシリテーターもそのようなNさんに頼もしさを感じた。

　そのことと同時にNさんは，ファシリテーターの「自分もメンバーのひとりである」という態度に次のような不安も感じている。

　「今からどんなことが展開されていくのだろうか。自分たちでやっていかなければいけないという点で，何かを話さなければならないことが少し心配である。」

　このようなNさんの不安は，他のメンバーも同様に感じており，通常のグループ体験において初期にみられるものである。

S2：受身的に聞き流す

　グループは，お互いを紹介する中で，知っているように見えたが，お互いの家族や"生いたち"のことなど深くは話したことがないことがわかる。ファシリテーターはグループに意外なことだとフィードバックする。

「生いたち」のなかでAさんが自分の父親の死について涙を流しながら語る。つらそうであり聞き流すべきことのようには思えなかった。それでファシリテーターは，Aさんに無理して話すことはないこと，もし話したくなければ話さなくてもいいことを伝えた。Aさんは話を続けた。Aさんにとっては話さないでおくほうがつらいようであった。ファシリテーターはAさんの話に"唐突さ"を感じ，Aさんが話しすぎるのを警戒した。というのも，まだセッションは早く，グループにはAさんの話を受け止めるだけの準備が出来ていないように思われ，Aさんが後で，気まずい思いをするのではと心配したからである。

　Nさんは前のセッションと異なり，受身的に聞き流すことが多く，Aさんの発言にふれた感想を次のように述べている。

　「Aさんの発言を聞いて，自分は自分自身に負けているような，あるいは他に比べれば幸せな方だと感じている。」

　Nさんは，他のメンバーが少しずつ打ち解けてきたこと，またグループの仲間のこれまで知らなかったことが次々にわかり，仲間にふれることが出来たことに満足している。ただし，自分自身には，進んで発言する勇気がなかったと不満を示している。

　S3：話すきっかけを摑めない

　Nさんの話せない不満がはっきりしてくる。とくにNさんはグループが指名によって進み，メンバーの話の切れ目が長くなり，話に加わるきっかけがうまく摑めない。Nさんにとっては，他のメンバーが話しているときに，その人の話を途中で遮り，打ち切ることは出来ないことなのだろう。そのことはファシリテーターに対するNさんの態度も同様である。

　「最後にファシリテーターは発言したが，何だか自分から話を聞かせて下さいと言いだしにくくて，とうとう最後になった。」

　このNさんの発言には，ファシリテーターに近づきたい気持ちとともに，私が話せるように何か手を打って下さいとの，やや抗議的な調子も含まれているのだろうか。

S4：聞かれて話す

　恋愛論や性格判断など身近な話題であったためか，Nさんは聞かれて話すかたちではあるが，なんとか話すことが出来た。

　しかしながら，ファシリテーターには，「最初は無視したかたちになったけど，途中で星座や住まいのことなどを聞いたりした。無視したかたちになり申し訳なかった」と無視したことに対する申し訳なさと，「もう少し話しかけてくれてもいいのではないか」という不満をもっている。

　Nさんの心のどこかにファシリテーターのことが気になっているようであり，ファシリテーターを無視しようとして無視しきれないNさんを感じることが出来る。

第Ⅱ期：Nさんの驚きと感動（S5，6）

S5：メンバーに驚く

　このセッションでは，ファシリテーターはメンバーの話題についていけなくなり，そのことをグループに問いかけた。みんなは話したいことを話しているのだろうかと，感じていた疑問をグループに投げかけた。ファシリテーターとしては，みんなと話題を分かちあいたいけど出来ないことだろうかと，メンバーに訴え，共に考えようとした。

　このファシリテーターの問いかけに対してNさんは，そのことがファシリテーターだけでなく，一緒に話していたOさんやTさんについても同様であったことに驚いた。そしてNさんは，ファシリテーターをメンバーの一員として考えるつもりであるが，メンバーとして扱っていいのかファシリテーターとして扱っていいのか，わからないと戸惑いをもらしている。

S6：Oさんに感動，グループの雰囲気が変わる

　Oさんの「日頃の自分について感じていることを言ってほしい」という問いかけによって，このセッションからグループの雰囲気が変わる。この第6セッションでのOさんをめぐるグループの動きは，Nさんに多くの影響を与えたと思われるので，以下に詳しく記述する。

Oさんはみんなからのフィードバックを積極的に欲した。Oさんは友だち付き合いがあまり得意ではなかった。みんなからのフィードバックは遠慮がちであった。みんなからは，Oさんが日常生活でみんなを避けているように見えていた。しかし実際は，Oさんは友だちを欲していた。ひとりでは寂しくて仕方がなかった。そのことをOさんは泣きながらみんなに訴えた。そんなOさんは，みんなにとってこれまでにないOさんであった。いつもの，何を考えているかわからないOさんと異なり，必死で迫ってくるものが感じられた。

　みんなは何らかの形でOさんに励ましの言葉をかけようとしたが，うまく言葉にならなかった。MさんはOさんを励ますつもりで，いつのまにか自分の悩みを話すことになってしまった。しかし，すぐに気づいて「ゴメン」と謝った。でも，MさんがOさんに関わろうとした気持ちは，Oさんに十分に伝わった。

　メンバーはOさんに好きな漫画のことなどを聞くなどして関わった。Oさんがいつも漫画を読んで過ごしていることはみんな知っていた。ただOさんが友達を欲しがっていたのは意外であった。ひとりで居るのがOさんの過ごし方だとメンバーは理解していた。Oさんの話す漫画家は他のメンバーが読んでいる漫画家とは違って，知られてはいなかった。それでも，メンバーはOさんに「面白い？　貸してね」などと近づき，グループの中にOさんと交流しようとする雰囲気が生まれた。

　このようなグループの雰囲気をメンバーは次のような言葉で表現している。

　「真剣にいろいろと，ふだん話せない，話したことのないことを話している。すごく考えさせられて，言うための言葉を探すのに苦労している。」

　Nさんはグループの話題の中心になったOさんの態度に対して「自分の心をみせてくれた」と感動する。

　また，これからの話題に自分はついていけるだろうかと，朝の眠気が抜けないなかで不安をも感じている。このことは自分が話題の中心になった

ら，どうしようかという予期不安も含んでいるのだろうか。

ところで，メンバーは自己を省みるにあたって，自分の否定的な面を偏って見つめる傾向があり，自分の肯定的な面を見逃しやすいように，ファシリテーターには見えた。それでファシリテーターは，「今，ここで接しているOさんからはそのようなことは感じないけど」と，できるだけメンバーの肯定的な面を取り上げようとグループのなかでは試みた。

このようなファシリテーターのグループの肯定的な面への働きかけは，「小さな点に気をつけて下さり，私たちのどう言ったらいいのかわからないことや気づかない点を言われ，はっとするような気がする」とグループに受け止められる。

第Ⅲ期：話さない（沈黙する）Nさん（S7〜S12, 13）
S7：みんなの気分を害したのではないか

このセッションからNさんは極端な沈黙を続けグループ・プロセスから退却する（引きこもる）。もちろんそれは何も言うことがないというよりも，何か言いたいことがあるがための沈黙である。沈黙自体はこの段階ではそれほど珍しいことではない。「沈黙の状態にあせりというものを感じなくなってきた」というメンバーの感想が目につく。

したがって，Nさんにとっての困難さは，沈黙がやすらぎの状態になっていないことである。そのことは，「今のセッションで私が黙っていることにより，みんなの気分を害したのではないかと反省している」というNさんのグループへの気遣いとなって現れている。

ファシリテーターに対しては，「人生経験では上なので，それに異性ということもあって，為になる話を聞かせてもらった」と述べている。しかしながら，Nさんにとって「為になる話」が一体何であったのか，ファシリテーターには見当がつかない。このファシリテーターから秘密裡に取り入れたものは何であったのか。

とにかく，Nさんは次のセッションに立ち直りを期すことになる。

S8：話題に参加しない

　しかしながら，このセッションはNさんにとって魅力的なものとはならなかった。Nさんは相変わらず話題に参加しない。他のメンバーがNさんに「どうしたの」と尋ねるが要領をえない。他のメンバーは「自分の考えていること，いつも聞いてもらいたいと思っていること」を怖いながらも述べ，仲間体験は深まっている。

　ファシリテーターは，「他のメンバーはどうだろうか。他のメンバーはTさんとは日頃からのつきあいがあるし，Tさんのもっと良い面も知っているのでは。そのことをTさんに言ってあげたら」とグループに対して，引き続き，メンバーの肯定的な面を取り上げるように繰り返し働きかけ，グループの仲間関係の促進を試みる。

　この段階でファシリテーターは，メンバーから「グループの一員として，親しみがもてるようになってきた。グループの中にいても不自然な感じがしなくなった」と仲間として受容される。

S9：積極的な発言はない

　Nさんからの積極的な発言はないものの，他のメンバー間では活発なやりとりがあり，Nさんは沈黙のなかに晒されることはない。他のメンバーの話題に関わるというかたちで，自分のなかから眼をそらすことができ，そのぶん，楽だったようだ。

　このセッション，他のメンバーは「どんどん自分を出し始める」。そのことによって「肩をはってやっていかなくてもすむ」というように，グループでの仲間体験はさらに進展している。

　また，「その人のことについて本当に考えてあげようという気持ちがある。その人の話すことに対して，『ウン』，『ウン』と頷いて，話しやすい雰囲気をつくっている」と述べられるように仲間関係も発展している。

　またファシリテーターに対しては「助言的ではなく，自分の意見を言ってくれて為になる」と，これまでとは異なった視点をグループは持ち始めている。

S 10, 11:「もういい加減にしてほしい」

　二つのセッションが連続して行われ，自分の性格についてのフィードバックが中心となる。グループは性格について相互にフィードバックを行うが，そのことはNさんにとっては心が休まることではなかった。

　「もういい加減にしてほしい」という言葉をNさんは，セッション後の感想文のなかで述べているが，このことは自分の身に危険が迫ることの拒否反応だったのだろうか。この同じような状況を他のメンバーは次のように表現している。

　「針のむしろに座っているようだ。他人が他人に言っていることでも，自分の心に，人の言うことが胸に刺さるようだ。他の人が『こうしたらいいんじゃないか？』なんて言うと『こざかしい』と心で笑う自分に気づく。落ち着かない。」

　Nさんはセッション外に自分の話したいことについて，親しい友人から聞いてもらった。そのことで気分はややすっきりした。しかしながら，自分が「言ってあげたい，あげなければならない友だちの性格について，何も言ってあげられなかったこと」に不満を感じずにはいられなかった。

S 12, 13:「自分のことは言いたくない。全く発言する気なし」

　このセッションでNさんの沈黙を守ろうとする緊張は極度に達したようである。

　「自分のことは言いたくない。全く発言する気なし」などの感想の言葉がみられる。もうすでにグループ体験も終盤となり，他のメンバーはグループ体験から多くを得つつある。そのことは「自分でふと不安に思ったことを話して解決できたこと，人に話してみることが大切だと思った」というメンバーの言葉からも推察される。

　それだけに，Nさんの沈黙はグループに対して割り切れなさを与え，Nさん自身が納得していないことが他のメンバーからみてもわかる。

　ファシリテーターは，このセッションにおいて「みんなとちがう一面から，みてくれている人」として捉えられている。

第Ⅳ期：Nさんへの親友の関わり（S 14, 15〔最終〕）
S 14：親友の関わり

　このようなNさんに対して親友のHさんが「話したくないなら話さなくてもいいけど，その旨の意思表示をしてほしい」と関わった。Nさんは混乱しながらも，それまでの自分の心の動きをみんなに述べた。ただし，言いたくないことは言いたくないと断り，そのうえでみんなからのフィードバックを欲した。

　しかしながら，Nさんは，自分が話題の中心になるのを恐れているかのように，眼はすばやく動き，落ち着かなかった。ファシリテーターは，Nさんが耐えられずに，自分を爆発させるのではと危なさを感じた。それでグループに対して，フィードバックをNさんに一気に集中させないように，何度か「ちょっと待って」とNさんが一呼吸置けるようにメンバーを制止した。フィードバックを求めることが，グループに対して無理な要求であることは，Nさんにもわかっていた。Nさんはみんなを重苦しい気分にさせたことを気にした。

　Nさんがなんらかのかたちで発言したことは，Nさんを楽にし，みんなに近づけた。このことは，次のセッションに現れたときのNさんの表情からも感じとることができ，神経質な眼の動きが消えていた。

　Nさん自身，このセッションで「言わされるのではないか」と予想はしていたものの，それがHさんという親友からの関わりであったことが，Nさんを安心させたであろう。というのもNさんとしては「ファシリテーターから」と覚悟していたはずである。しかしながら自分に関わってくれたのは，親友だったという，ある意味で当たり前のことを，Nさんは再確認することが出来た。

S 15：素直に言うことが出来た

　最終第15セッションでは，Nさんは引きこもり沈黙していた理由として，あるメンバーの言葉が「自分に対して『投げつけられた』」と受け取った。しかし実際はそうではなく，Hさんと話してみて自分の思い違いだっ

た，深読みだった」とあらためて説明した。そして「このセッションでは，みんなに自分の意見を素直に言うことができた。参加してよかった」とまとめた。

3．考　察

（1）　グループからの安全感　――「指名」による関係性の危機――

まずNさんの安全感を脅かしたであろうグループでの「指名」について考え，Nさんの「沈黙」の意味を検討したい。

グループの第6セッション以前で，とくにNさんを不自由にしたものとして，「指名」によるグループ進行が考えられる。では「指名」がNさんを不自由にしたとすれば，何故であろうか。その理由の一つとして，「指名」はNさんの「変わりたい欲求」（安部・村山，1978b）を妨害するということが推測されるからである。

Nさんは確かに「自分たちでやっていかねば」と気負いつつ，自分からファシリテーターに話しかけようと試みている（S1）。Nさんのこの自分で自分を励ますかのような関わり方は，確かに少し無理を感じさせる。しかしNさんにとっては，このようなかたちではあっても，自分で自分を励ますゆえに，自分を感じることが出来たのではないかと思われる。

しかしながら，「指名」というかたちでの発言は，自分で自分を励ますというよりも，他人が自分を励ますのであり，満足は他人にある。少なくともNさんにとっては受身的である。また，Nさんにとっては，他人から自分を知ってもらうことは，他人のなかに自分を感じることになってしまい，自分を脅かす結果になってしまったのではないか。

すなわち「指名」というかたちでのグループ進行は，自発性あるいは自らの意志といった関係性の根源を危うくしたと考えられる。しかもそれは，他のメンバーから自分のそのような関係性の根源を崩される体験ではなく，自らがそのような役割を果たしてしまうことに対する自己危機感ではなかったかと推察される。だからこそ「沈黙」というかたちで自分を守らざるを

えなかったのではないか。Nさんはそれ故にこそ，指名によって続く話題を「打ち切る」(S 3)ことができなかったと思われる。

「指名」の話はなぜ長くならざるをえないのか。それは相手に伝えようとする話ではない故に，話すというかたちで時間を費やしてしまう危険さを，Nさんは感じとっていたのではなかろうか。したがってNさんがファシリテーターに求めていたものは，そのような「指名」にファシリテーターが加わらないことであったであろう。指名のもつ意味を見抜き，指名を断ち切ってくれることを願ったであろう。Nさんのファシリテーターに対する気遣いや接近には，そのような願いや抗議が含まれていたと思われる。そしてNさんの沈黙には，そのような安全感の保護されないグループに対する異議が申し立てられていたのではないか。

(2) 自己への安心感 ── 自己危機感の作動 ──

自分をわかってもらおうとグループに問いかけるメンバーの行為は，日常生活で感じている自分を仲間に開示し，仲間からのフィードバックを求めるところから始まる。仲間がどのように自分をみているのか，あるいはみられているのかを知ることによって，自分自身を吟味する。

ただ自分に対して肯定的なフィードバックばかりが返ってくるとは限らない。予想もしないフィードバックに戸惑うことを覚悟しなければならない。したがってフィードバックをもらうことは勇気がいる。Nさんの場合には，まず自分をグループに提示することに困難があり，それ故，フィードバックをもらうことはなかった。すなわち，自分を変えたいとは思っていないかのようである。しかしながら，Nさんに感じるのはむしろ逆のことである。Nさんは自分を変えたいと痛切に感じていたにちがいない。だからこそNさんはOさんの態度に「自分をみせてくれた」(S 6)と感動したのだろう。では，何故Nさんは自分を変えたいと思いながらも，実際に変わるような行動をとらなかったのだろうか。

それは変わるための安心感が自分自身のなかに準備できていないことを

Nさん自身が感じとっていたからではないか。それは自己危機感とでも呼べるものかもしれない。体験の主体とでも呼べる自分が，Nさんにとっては希薄だったのであろう。フィードバックという体験は「自分が」という体験の主体が希薄な場合には，他人によって自分を変えさせられる経験になってしまいがちである。したがって，自己危機感とは，自分が自分に安心を感じるまで，変わるのに時間を置きなさい，という内面からの知らせであるとも理解しうるであろう。

この自分が自分に対して感じる安心感は，自分がグループに対して感じる安全感とは別の次元のように思われる。Nさんの場合は，グループからの安全感だけでなく，自己の内面への安心感が必要だったのではないか。この自己の内面に安心感のないメンバーが，グループの安全感に誘惑されて自己の嫌な部分なり，不愉快な部分，あるいは弱い部分を露呈してしまうことは危険なことであり，避けなければならない。

既知集団のエンカウンター・グループでは，グループからの安全感とともに，仲間からのフィードバックを自分のものとして引き受けるためには，自己への安心感が必要である。

第2節　メンバー共存プロセスにおけるファシリテーション
──メンバー個人の保護──

1．肯定的側面の強調

既知集団においては，フィードバックをもらう側は，日常生活での自分の否定的な側面を知られており，そのことをグループ体験の場で言われるのではないかという恐れをもっている。また，フィードバックをする側には，グループで言ったことが感情的なしこりとして残り，帰ってからの日常の人間関係に悪い影響を与えるのではないかという不安がある。

したがって，ファシリテーターは，そのような恐れや不安だけでなく，図5に示すように，メンバーやグループの「肯定的側面」を積極的に取り上げる働きかけが大切となる。メンバーはグループ体験の場では，自己の否定的な面にふれられるのではないかと敏感になっているだけに，否定的なフィードバックの連鎖を容易に生み出しかねない（安部，1984a）。

この点でも先に述べたように，既知集団エンカウンター・グループでは，ファシリテーターはメンバーとしてだけではなく，ファシリテーターとして参加することが求められる。メンバーとしてだけ参加していると，否定的フィードバックの連鎖のなかに自分も加わってしまい，グループの場で起きていることに気づくことが難しくなるからである（野島，2000）。

2．メンバーの援助力の活用

既知集団の場合，メンバーは日常を相互に知っているからこそ，ファシリテーターが気づくことのない変化を，ほかのメンバーは気づくことが出来る。したがって，ファシリテーターは，事例6にみるように，メンバー（仲間）からのフィードバックを積極的に活用し，そのことによってメンバー間の仲間関係を促進する働きかけを行う。ただし，当のメンバー自身からフィードバックをもらいたい（言ってほしい）という要望が出されるのが，既知集団におけるフィードバックの前提（原則）である（安部・村山・野島，1977）。

というのも，メンバー自身の言ってほしいという気持ちが，言われたことを自分のこととして引き受けることにつながるからである。エンカウンター・グループでの自己（人格）の変化を考えるときに大切なことは，仲間からのフィードバックを自分のこととして引き受けることが出来るかどうかである。そのフィードバックを自分のものとして引き受けることが出来たときに，自分の中で変化が生じる。すなわち，もらったフィードバックを自分の中で照合し，自己（像）を修正する働きへと発展するからである。

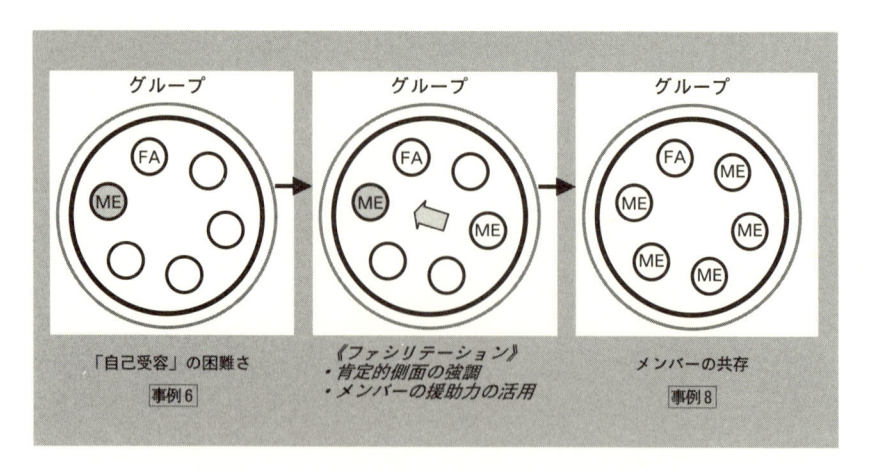

図5　メンバー共存のためのファシリテーション

　メンバーはこの引き受けるプロセスにおいて，ほかのメンバーからの支えが必要なのであり，既知集団エンカウンター・グループにおいては「仲間（みんな）」の支えが，重要な意味を持つのである。すなわち，自分だけで引き受けるのではなく，グループにも，そのプロセスを共有してもらうことによって，仲間への信頼感をメンバーは獲得することが出来るのである。

第6章　グループによるファシリテーター受容の非典型事例と典型事例

第1節　グループによるファシリテーター受容の非典型事例

　事例7では，前年度に実施されたエンカウンター・グループ体験が怖いものであったとの噂がひろがり，メンバーはグループ体験に対して強い恐怖感を持って参加した。実際のグループ体験ではメンバーは激しい拒絶感をファシリテーターに示し，ファシリテーターがグループのなかに入っていくのは困難を極め徹夜となった。これまでに紹介した既知集団エンカウンター・グループのグループ・プロセスとは異なった展開となった非典型事例である。

　以下では，事例を通して，グループがファシリテーターという見知らぬ人を受けいれていくときの安全感，およびファシリテーターがグループ・プロセスを促進する際の，手がかりとしてのファシリテーターの仲間感について検討を行う。

【事例7】ファシリテーター受容が困難を極め徹夜となった事例

1．グループ構成

　メンバーは11名であり，全員が看護学生で女性20歳である。全員が寮生活であり，初めてのグループ体験である。エンカウンター・グループは

3泊4日の集中宿泊方式により看護学校内の看護寮で実施された。セッション数は15セッション（1時間30分×15回），ファシリテーターは1名（筆者）である。

グループの特徴としては，全員が寮生活をしており，家族的雰囲気が強い。

参加形式としては，自主参加というよりは研修参加であり，授業の一環である。グループ体験についてのオリエンテーションは，一応学校で事前にパンフレット等を通して受けてはいる。しかしながら，上にも述べたように，前年度の先輩の体験を耳にして「怖いものだ」という印象を強くもっており，グループ体験に対する不安が高いのが特徴である。

2．グループ・プロセス

第Ⅰ期：グループに入れないファシリテーター（S1～S4）
《恐れ・不安―どうしたらいいか―参加動機の違いの明確化》

S1：（強い恐れと不安）　メンバーはオリエンテーションを終わって，セッションを行うための10畳ほどの部屋に入るが，ひとかたまりの集団となって部屋の隅の石油ストーブの周りにいる。

後から入ってきたファシリテーターはメンバーのそばに行き，座るが，一緒に座っている感じがしない。ファシリテーターひとりだけが離れて座っている印象しか持ちえない。メンバーのファシリテーターに対する恐れ，脅えのような感情だけが伝わってくる。

メンバーからの発案で自己紹介を行うが，自分を知ってもらうというよりも，その場しのぎの印象が強く，メンバーはのらない。ファシリテーター自身も強く印象に残る言葉はなかった。

途中でメンバーの発案により電気コタツを二つ持ってきて，その二つを合わせ，そのまわりにファシリテーターとメンバーは座る。しかしながら，MさんとTさんのふたりのメンバーは，誘ってもコタツの周囲には来ないでストーブのそばに居る。

ファシリテーターはコタツを持ってくるというメンバーの自発的な動きがみられたことに，ほっとしたものの，MさんとTさんが気にかかる。しかし，こちらに来たらと強制はしなかった。

S2・3：（どうしたらいいの？） このようなファシリテーターの強制しない態度は，メンバーにとっては「放任」されていると受け取られ，次のような言葉として表現される。

「強制して牛を水飲み場まで連れてきたのだから，水の飲み方を（セッションをどう過ごしたらいいのかを）教えてくれるべきだ。水飲み場まで連れてきておいて，後は知らんふりはひどい。」

これに対してファシリテーターは，だからこそファシリテーターから，さらにメンバーに何かをすることによって，みんなを強制させるかたちになることはしたくないと思っている。みんなが望むように任せることを伝える。

S4：（参加動機の違いの明確化） このセッションでは，グループに参加したメンバー間で，それぞれの気持ちに違いがあることが明確になる。

「みんなは参加したくなかった，だから何をやっても同じだ，何もする気がしない」という「みんな」同じであるという確信に対して，本当に「みんな」同じなのだろうか？という疑問が生じ，それぞれの気持ちを確認しあった。

そのことを通して，必ずしもみんながグループに参加したくなかったわけではないことが，はっきりする。そして，このグループ体験に対して，何も期待しないというのではなく，「それぞれ背の高さが違うように経験してきたことも違うはずだから，そのことを知り合うこともできる」，あるいは「みんなのことはよくわかっているとMさんは言っているけれども，私は誰にも自分をわかってもらっている気はしていない」などの発言があり，グループ経験を肯定的に捉えようとする動きがメンバーの間に出てくる。

ファシリテーターに対しての希望を最後にメンバーに訊いたところ，自

分たちメンバーの話を聞いて,どうしたらいいかアドバイスが出来るところがあったら,してほしい旨が出された。

ファシリテーターとしては,アドバイスをするつもりはないが,ファシリテーター自身がこうしたいということがあったら,その時は自分の意見として言っていきたいと伝える。

第Ⅱ期：ファシリテーターとメンバーの対立（S5〜S9）
《親友って何だろう—フリータイム—性格のこと》

S5・6：（親友って何だろう？） 親友って何だろうというテーマで話が進められる。しかしながら,ファシリテーターは今,ここにいるメンバー自身のことではなくて,抽象的な「親友」について討議することには,どうしてものれない。それで,メンバーからファシリテーターに対して「親友とは何ですか？」と尋ねられたとき,一応,質問に答えはしたものの,「それにしても面白くない」と不満をもらす。

これに対してMさんから,「それはひどい,私たちが一生懸命みんなで話して考えているのに,ファシリテーターは参加してくれないのですか？」と抗議がある。

これに対して,ファシリテーターは「いや,みんなと親友になりたいと思うからこそ不満を述べているのだ」と反論し,「今,ここでこうやって親友ということを,みんなで話していても,みんなと親友になれる気は,僕にはしない」と述べる。

「じゃ,ファシリテーターは,一体どうしろというのですか？ ファシリテーターのおっしゃっていることがわかりません」とファシリテーターの発言をめぐって,グループが混乱する。

また,ファシリテーターに対して,「ファシリテーターはファシリテーターなりの基準を自分に持っておられて,それを小出しにされているような気がする」,「ファシリテーターは私たちの話を,いつも妨害されている」,「ファシリテーターはまわりくどい,言いたいことがあったら,先に言え

ばいいじゃないですか」といった抗議がなされる。

　ファシリテーターは，このようなメンバーの発言を四苦八苦しながらも，じっくり受け止めようとした。というのも，何か新しいものが生まれてくる予感があり，そのことに期待した。

　S 7・8：（フリータイム・小休止）　グループは，非常に疲れている印象があり，一人ひとりがバラバラであり，まとまりは感じられない。何かを始める雰囲気はなく，誰からも発言はみられない。どうしようかということになり，フリータイム（小休止）ということになる。

　S 9：（性格のことを言うのも怖いし，言われるのも怖い）　「今日に期待したけど，昨日と少しも（状況は）変わっていないじゃないか」というMさんの不満から始まる。では，一体みんな何がしたいのかをはっきりさせようということになり，「性格」に話題が集中する。しかし，メンバーはそれぞれの性格について，「言うのも怖いし，言われるのも怖い」ということで，触れたくはあるが怖いという雰囲気が強く，メンバーは話題にするのに及び腰である。途中，いくつか別の話題が出て，話が進むが，結局は性格の話にもどってくる。

　ファシリテーターが性格のことを取り上げてくれないかな，というグループの雰囲気をファシリテーターは感じる。しかし，ファシリテーターは話題として取り上げることをせずにメンバー（グループ）に任せる。やや，不満な様子でこのセッションは終わる。

第Ⅲ期：グループに入ろうと試みるファシリテーター（S 10～S 12）
《Sさんの「自分と家族」―メンバー間の違いの発見》
　どのようなことを話題にするかをめぐって，堂々巡りが繰り返されるが，そんななかで，Sさんが自分と父親・家族のことを話し，涙ぐむ。

　Sさんの話は「（日常生活で）自分自身のために時間を使いたいが，病身の親を世話するために使わなければならない。自分のやりたいことをやれないでいる。親から離れたくても離れられない」というものであった。S

さんの「自分と家族」の話はみんなの共感を呼んだ。

それまでの話とは異質な新鮮さをグループに与え、グループの雰囲気がひきしまった。メンバーはそれぞれの自分と家族の関係等を語り合い、自分が看護師を志した動機などを語った。

そして、看護師を職業として選んだ理由が、あまりに違うことにお互いが驚いた。看護師は最も簡単に手に技術をもつことができる職業だからという人、また、保健師を目指すという人、さらに看護師になるのではなくて、お店を開きたいという人、看護の技術を自分の両親の看護に役立てたい人、お互いがお互いを知っていそうで知らないことにメンバーは驚いた。

第Ⅳ期：受けいれられたファシリテーター（S 13～最終〔徹夜〕）
《「のり」の違い―フィードバックの提案―相互のフィードバック―徹夜へ》

S 13：（「のり」の違い）　病棟での実習のことなどが話題となり、ファシリテーターもそれらの話題に対して、わかりにくいところを質問するなど試み、参加する。しかし、すべてのメンバーがその話題に満足しているわけではなく、時間が経てば経つほどメンバー間の"のり"の違いがはっきりしてくる。

予定の時間を過ぎ、これ以上続けるのは疲労が増すばかりであり、それぞれが自由に時間を使ったほうがいいということで、ファシリテーターの方から、終わりにしないかとメンバーに提案する。

それぞれが燃えたりないものを感じながらも、一応セッションを終える。

〈最終セッション（徹夜）―ファシリテーターからのフィードバックの提案〉

ファシリテーターは残ったメンバーの話題に参加しようとするが、話題は、その場に居ないメンバーへのいわゆる陰口・批判であった。

「Mさんが居ないと、もっと話が進むのにね」、「Mさん達が居ないともっと言いたいことも言えるのにね。彼女達、何を話しているのかしら？　私

たちの悪口を言っているんじゃないかしら？」といったものであった。

　ファシリテーターは，うんざりして話題から外れる。その場に横になりながら，みんな話したいけど，本当に話したいことを話せていないみたいだし，どうしたらいいだろう，と思案し続けた。しばらくして話題が変わり，今日は話し足りなかった。もっと話したかった。どうしたらもっと話したいことが話せるだろうかということに話題が移る。

　そこで，ファシリテーターの全くの思いつきであるが，ファシリテーターからメンバーへの，これまでのグループでのそれぞれについての印象を語ることを提案する。

　ちょうど，そこに，去って行ったグループのひとりであるTさんが，忘れ物をしたと戻ってくる。その時に，Kさんが「他の人達どうしてる？ヒマだったら呼んできたら？」と気軽にTさんに誘いかける。Tさんは，返事はしなかったが，しばらくして，残ったメンバーと一緒に戻ってきた。

　それでファシリテーターは，今，メンバーと相談していたのだけど，明日のセッションで，みんなに対してフィードバックを行いたいと思うけど，どうだろうか？と提案する。

　それに対してAさんから「明日じゃなく今日，行ってほしい」という要望が出される。どうしようかとグループ（メンバー）に相談すると，今日の方がいいということになる。ただし，ファシリテーターからメンバーへのフィードバックを行うだけでなく，メンバーからファシリテーターに対するフィードバックも行ってほしい旨を付け加え，始める。

　では，誰から行うかをメンバーに聞いてみると，Yさんが自分からお願いしますと希望する。ファシリテーターを最初に「自分を変えたいとは思わない」といって困らせたYさんだけにファシリテーターは驚いた。

　Yさんは他のメンバーの話を一生懸命に聞いている時があるかと思うと，そうではなくて新聞を読むなど，一見，不真面目であり，面白くないのかと尋ねてみると，「いいえ，そうではありません」という答えが返ってくるなど，わかりにくい人である旨を伝える。

このような調子で, 一通りファシリテーターからメンバーへのフィードバックが行われる予定であったが, 何人目かのフィードバックのときに, Mさんが自分の話を聞いてほしいとグループに訴えた。

〈Mさんの訴え〉　メンバー相互のフィードバックへ

Mさんは, 自分は申し訳ないことをしてしまった。Nさんに, 嘘をつかせてしまったとグループに泣きながら訴えた。

Nさんの嘘とは, Nさんが以前のセッションで話した「自分が今, わからなくなっている」ということであった。

もちろん話題自体は, 嘘でもなんでもないのであるが, MさんはNさんに, 無理に言わせてしまった。Nさんは頑張っているのに, 自分はグループに対して何もしなかった。そのことが他のメンバーに無理をさせることになったと, Mさんはショックを受けていた。

Mさんの, この発言そして態度は, 他のメンバーを激しく揺さぶった。それまでの強がっていたMさんとは違っていた。今のMさん自身は素直なMさんであった。

このMさんの態度は, グループのなかから強がりや怖がりを取り除く働きをした。

このあとファシリテーターからメンバーへのフィードバックは, ファシリテーターが行うというよりも, メンバーそれぞれが相互に行うかたちに移っていった。

Mさんら, 去っていったグループの悪口を言っていたBさんも, Mさんに向かって「Mさんにはどうしても怖さを感じてしまうこと」,「言いたいことを言えない自分をMさんを前にしたら感じてしまうこと」などをMさんに直接に訴えた。

これに対してMさんからも,「以前から自分もBさんにそのことを感じてはいたものの, 自分自身としては, どうしていいかわからなかった」と答えが返された。

「自分としてはBさんが好きだし, Bさんと距離を縮めようと思っても,

気がついた時には,自分の態度はBさんを,やはり怖がらせてしまったなと思う。自分は他の人にポンポンと物を言い過ぎると思うが,Bさんは反対に言わなさ過ぎる。でも,私はやはり強がりだと思う」といったやりとりが行われる。

メンバーはそれぞれが自分の言いたいことを,じっくり言葉にしながら言い合っている雰囲気であり,以後,このような調子でメンバー相互のフィードバックは早朝まで続いた。

〔ところで,今回のグループ体験では,開催場所が看護学校から歩いて数分のところに設置されている寮の部屋を使ったために,メンバーは現実場面から離れにくかった。たとえば,学年末でもあったために,レポートのことが気になり,話題になったりした。

しかしながら,今回のグループ体験のようにセッションが徹夜となる事態では,むしろ寮という自分たちのなじんでいる場所であるだけに,日常との「つなぎ」において,お互いを理解するには好適であったと思われる。

通常では,管理人などの施設側から徹夜で使用する許可を得ることは困難であるが,このグループ体験ではメンバーの熱意と学校側の理解が合致して徹夜のセッションが認められ,グループ体験を発展させることが出来た。〕

3. 考 察

(1) グループの安全感の形成 ── 拒絶から仲間のひとりとして ──

この事例7では,ファシリテーターとグループの間に共通項を形成するまでに長い時間を必要とし,徹夜という異例の事態となった。前年度のグループ体験が怖いものであったという噂に影響されて,グループに安全感が欠如しており,メンバーは当初から恐怖感を高め,ファシリテーターに対して強い拒絶感を示した。結局,ファシリテーターとの共通項の形成やグループでの仲間関係のまとまりなどの安全感を形成することがないまま

に，Sさんの話をきっかけに，参加動機などを開示し「違い（差異性）」を明らかにすることになった。

そのような中で，ファシリテーターは何とか自分や家族のことを語り，またグループの肯定的側面を取り上げるなどしながら安全感を形成し，グループのなかに入ろうと試みる。しかしながら，メンバーとの対立は収まらなかった。ただ，不思議なことに，ファシリテーターはメンバーからの拒絶感に困惑し疲労はしたものの，グループとの対立のなかで，このグループのメンバーと一緒にやっていける期待感はあった。グループから追い出され，事例1のようなかたちで，スケープ・ゴートになる恐れや不快感は感じなかった。

最終セッションで，やっとファシリテーターは仲間として認められ，グループにもファシリテーターからのフィードバックを受けいれるだけの安全感が形成された。ファシリテーターのフィードバックの提案は決して意図的なものではなく，まったくの思いつきであったが，逆に思いつきだからこそ，危険をグループに感じさせずに，素直に受けいれられたのかもしれない。

このグループ体験において，Mさんはキー・パーソンのひとりであろう。Mさんは，ファシリテーターに強い拒絶感を示し，なかなか近づくことが難しかった。一方，逆に，最終の徹夜セッションにおいては，強がって外れがちなMさんが素直な面をメンバーに見せることで，グループから受けいれられた。Mさんの行動がグループの安全感をより高め，仲間関係を強固なものとしたと思われる。

（2） ファシリテーターの仲間感 ── 促進のための手がかりとして ──

ファシリテーターがグループ体験を促進するときの「手がかり」となる感覚については「グループに加われている感じ（がない）」と「グループと一緒に居る感じ（がない）」の2種類があり，ファシリテーターがグループに加わることを試みる加入プロセスとグループに一緒に居ようとする共

存プロセスに相応している。

　グループに加わろうと試みる加入プロセスは，アウトサイダーとしてのファシリテーターの問いかけであり，「自分もメンバーのひとりとして加えてほしい」というファシリテーターの働きかけが中心となる。

　また，ファシリテーターがグループに一緒に居ようとする共存プロセスは，インサイダーとしてのファシリテーターの問いかけということができるだろう。

　このいずれもがファシリテーターのグループに対する仲間感を反映したものであり，グループ・プロセスのなかでファシリテーターはこの「仲間感」がある，あるいはないを感じて，グループに「問いかける」ことになる。

　ところで，この事例7の場合には，ファシリテーターはアウトサイダーとしてグループに問いかけ，仲間として加えてほしい旨の訴えを繰り返した。グループからは激しい反発や抗議があったものの，ファシリテーターのグループの仲間になりたいという思い（仲間感）は消えることはなかった。事例のなかでも述べたように，グループとの対立のなかで不思議なことに，グループへの期待は高まった。

　結局のところ，既知集団エンカウンター・グループの場合，いつも歓迎されるとは限らないファシリテーターには，この仲間感を保ち続けることができるかどうかが，問われるのかもしれない。

　というのも，このようなファシリテーターの仲間感は，日常の仲間関係において仲間感を持ち得ていないメンバー個人の，グループへの問いかけへと繋がっていくと思われるからである。すなわち，日常において孤立あるいは対立しているメンバーに，「わたしも仲間に加えてほしい」という訴えを呼び起こす「触媒」の役割を果たすのではないかと考えられる。

第2節　ファシリテーター受容プロセスから
　　　　メンバー受容プロセスへの典型事例
――仲間体験と仲間関係の発展――

　本節の目的は，ファシリテーター受容プロセスが順調に進み，メンバー受容プロセスへと展開した典型的な事例を通して，既知集団エンカウンター・グループでは，どのような仲間体験および仲間関係が発展するのかを明確にすることである。

【事例8】グループによるファシリテーター受容が無理なく進んだ事例

1．グループ構成

　メンバーは看護学生であり12名である。同年齢層（19歳と20歳）であり，全員が学校に附属する寮に生活して同一の職業（看護師）を志向している。エンカウンター・グループは集中宿泊形式（3泊4日）であり，セッション数は9回が設定され，午前と午後は3時間であり，夜と最終セッションは2時間の枠であった。総計22時間である。ファシリテーターは1名であり，筆者が担当した。

2．グループ・プロセス

第Ⅰ期：仲間に自分を出す体験［自己開示］（S1，2）
S1：「私の顔」（自己紹介）
　ファシリテーターの提案により，「私の四つの顔」という自己紹介のためのコミュニケーション・ゲームを行う。前半ぎこちない感じであったが，後半だんだんと話せるようになり，「雰囲気はわりにおとなしい感じであるが，とても話しやすい」。

メンバーは少しずつ自分を出せるようになってきているものの,「考えさせられ感動することが多かった」メンバーから,「まだ感情の流れはわからない」というメンバーまで幅が大きい。

ファシリテーターについては,「なかなか入りやすい進行で,いい雰囲気をつくってもらえて良かった」,「打ち解けてくれてスムースに話が運び,和やかになれる」など肯定的に受け止められている。

S2:模索・戸惑い

ファシリテーターから,「このセッションは別に何も用意していません。みんなはふだん学校では,与えられたカリキュラムを消化することで,あくせくすることが多いようですので,どうぞこの時間はみんなの時間として自由に使ってください」というオリエンテーションで始まる。

メンバーは「テーマが決まっていないので話題がなかなかなくて困った」,「なんとなく,みんなシーンという感じだ」と戸惑いながらも,「結婚」のことなど,何とか自分たちで話題を見つけ,グループを進行させようとする。

メンバーは模索し戸惑う自分について以下のような感想を述べている。

「沈黙が続くとやはり何か話題はないだろうかと困ってしまうのですが,でもこれといって良い話題もすぐに提供できない自分に,どうしようもない戸惑いを感じました。」

結婚の話などしたメンバーは,「少しでも自分の思っていることを話せた」気持ちであるが,他のメンバーは「自分の気持ちを押し殺し」,「何か話題はないか」と焦ることが多い体験であった。

ファシリテーターについては「あまり口出しせずに,よく聞いてくれるので良い」,「寮の話など,ファシリテーターには関係のないようなことを最後まで真剣に聞いてくれてうれしい」など,メンバーの話を聞いてくれる「おとな」として受け止められている。

第Ⅱ期：仲間にふれて自分をみつめる体験［自己吟味］（S 3, 4）
S 3：看護って何？

恋愛・結婚・看護などがセッションの主な話題である。途中でファシリテーターから「看護って何ですか？」という問いがなされたため，看護とは？といったことが話題になる。

「だんだんと活発に意見が出てくるようになった。やはり一つのことについて話し合うと意見が出る。」
「昨日よりも早く話題がでて調子よく進んだ。何気ない話題から，今まであまり感じたことのなかった看護とは？という話まで進められてよかった。」

メンバーは，以下の言葉にみるように自発的にグループに関わり，自分の思っていることを言おうと試みる。

「自発的に話に加わることができたような気がする。」
「話に入っていけたし，自分の思っていること，感じていることも言えたのでよかった。」
「自分の思ったことを，上手に，すぐには表現することができないけれども，できるだけ自分の意見も言うようにしている。」

ファシリテーターに対しては「一緒に一つのことについて話し合えるようになった」，「ファシリテーターのことをあまり気にせず会話が出来るようになってきた」とファシリテーターを特別視する雰囲気は減ってきている。

S 4：話題つなぎ（リラックス）

話題は次から次へ，話題つなぎというかたちでとぶ。しかしながら，全員が発言してリラックスしておりグループの雰囲気は良い。

「今回は，まとまりのない話になってしまった。でも，みんなはだんだ

んと顔のこわばりがなくなり和やかになってきた。」

　メンバーは自分について，「みんなの知らないところを知り，自分はどうかな」と自分に関心を強く向け，グループに対して次の発言にみるように安全感を高め始める。

「すごくリラックスしてきたし，なれてきたようだ。このグループのメンバーが大好きになった。」
「話しやすい雰囲気（話題）なので自然に会話に入り込める。」

　ファシリテーターについては「私たちだけの話題に没して悪いようだ」と自分たちだけ話すのを気にしているメンバーと，「あまり気にならない」，「よく話をきいてくれるので良い感じ」とあまり意識しないメンバーに分かれるものの，ファシリテーターへの気遣いはメンバーと同様になってきている。

第Ⅲ期：仲間に自分を問いかける体験［自己リスク］（S5）
S5：友だちがいないさびしさ
　Aさんの「自分には友だちがいない。みんなは自分のことをどう思っているだろうか」という問いかけをめぐってグループが急激に動く。

「Aさんが自分の性格をあけっぴろげに言い，みんな感激して泣いた。Aさんが中心となって話がひろがり，みんなの心が一つになった。」
「考えさせられる話題でした。自分をみつめながら，人の話を聞くと，ああ他の人も同じようなことを考えているのだなと共感を覚えました。」

　Aさんの発言は参加者の内面に多くの影響を与えた。

「自分の意見を言っている間，Aさんに助言しているようでも，なんだか自

分のことを言っているようで涙が出てきた。」
「私はまだ本当に心から自分を他人にみせていないけど，もっと時間があれば私のことも聞いてほしいと思った。」

また当のAさんは「素直に自分の気持ちが言えたような気がする。みんなに励まされたようで，すごくうれしい」と述べている。

ファシリテーターに対しては，「私たちの中に解け込んで聞いて下さった」とグループによる受けいれが進んでいる。また，当のAさんは「黙って聞いてくれ，わかってくれている気がして親しみを感じた」と述べている。

第Ⅳ期：仲間に自分を支えられる体験［自己受容］（S6～S9〔最終〕）
S6：音楽（一つになる）

歌集をもってきて，フォークソングを歌う。またダンスのステップが披露される。これらのことによってグループの仲間関係は一段と強くなる。

「自由な時間ができて，とてもうれしく思っている。のびのびしている。」
「ずっと歌を歌った。とっても楽しかったように思う。肩を組んで同じ歌を自由に歌うことによって心まで一つになったようで，まとまった気がする。」

メンバーは，セッションの中で歌っていいのだろうかという不安，あるいは恐れがみられていた。しかし，この時間を次のような自己の体験として受け止めている。

「最初，こんな時間をとっても無意味だと思っていたけど，今ではよかったと思っている。みんなと一緒に解け込んでいける素直さを感じた。」

ファシリテーターについては，「一緒に歌ってくれて，うれしい。大学

のゼミみたいだね。時間をうまく使えるね，といって下さった」，「知っている曲など参加して下さったし，自分で時間を使うこともわかって下さった」と受け止められている。

このセッションで，グループは「一緒に」という体験を通して，「一つ」になる感覚を共有した。

S7：アウト・ドア（解放感・充電）

メンバーは近くの河原に出かけ，日常とは異なった仲間体験を持った。

「外に出たせいもあって，とても陽気になり，バカになれました。みんなが一体となった感じでとても楽しく過ごせました。」

メンバーは自由な解放感を満喫した。

「とても解放的になれて，みんなと一緒なら，何でも出来るという，良いか悪いかわからないような勇気が出たような気がします」，「素直になれました。とっても幸せで，何とも心を広げられた。気を遣わず好きなことをポンポン言って笑えてよかった。」

ファシリテーターについては「一緒になってバカになるとは思わなかった。でもよかった」，「みんなの程度に合わせられたのか，地でいかれたのか，みんなと一緒にバカになりきっておられたと思います」とグループから仲間として受けいれられる。

S8：自分（の性格？）と仲間体験

Bさんの「自分は大人になれない。どうしたらいいのだろうか」という訴えから性格へと話題が広がる。

「今まで自分のことや意見が言えなくて，モヤモヤしていた人も，全部，話をすることが出来た。みんなが心を開いたことがうれしかった。」

「心にモヤモヤしていたことが，みんな言えて本当によかった。ひとりの人が心を開き自分の悩みを言うと，それについてみんなが考える姿勢が印象的だった。」

「心を開く」という言葉がメンバーの感想文に見られ，メンバーの仲間体験が深まっているのがわかる。
　このセッションでメンバーは，以下のように「自分」について多くのことを学んだ。

「私自身やはり悩みはあったし，言いたくても言えないことなどがあったけど，それが少しずつ言えてよかった。」
「他の人をうらやましいなって感じるなど，嫌な面も感じたけど，今は自然に受け止められた。」
「性格を変えるのはどれだけ難しいか。また自分の性格について，これほど考えたことはなかった。」
「人間性ということに対して，人の意見なんかも聞いて，すごく考えさせられるところがあった。自分の欠点をうまくカバーできるようにするのは，結局，自分の努力なんだ。自分のことが十分に出来ないまま人のことを，とやかく言えないなと思った。」

　メンバーは，仲間との関わりを通して，エンカウンター・グループならではの「自分（性格）」についての理解を深めている。

S9：仲間からの支えと自己受容

　最終セッションでは，Cさんが「自分の苦しみを聞いてほしい」とグループに呼びかけた。グループはそれを受け止め，それぞれの思いを返していく。

「涙を流しながら訴えられて，みんなもそれをよく受けとめた。」

「みんなの心の中に同じ思い，同じ感情が流れ，このグループの和が出来上がった。すごくうれしい。」

「みんなに，すごく考えさせられた。友だちが言ったことを素直に受けいれ，そして自分自身を振り返ることが出来た。」

Cさんの発言は他のメンバーの内面に深く影響を及ぼした。

「昨日の夜からずっと話してきて，今まで自分の欠点がわかっていて，直そうとしていたが勇気が出せなくて，自分自身をぶつけることも出来なかったが，何か糸口が見つかったというか，すごく勇気がわいてきた。」

「『親に甘えている』と友だちに言われても，自分はそんなことはないと思っていた。今日，話を聞いて自分が親に甘えているということに気がつかなかったことが，一番，甘えていたことになったと思う。何ごとにも少しずつ勇気をもってがんばっていこうと思った。」

また，自分の苦しみを話したCさんは「自分の話したことが『勇気づけてくれた』と言われ，本当にうれしい」と述べた。

ファシリテーターについては「ファシリテーターというのではなくて，私たちのグループの一員として話ができたような気がする」とメンバーのひとりとして受けいれられている。

3. 考　察

既知集団エンカウンター・グループでの仲間体験と仲間関係の発展について以下で検討したい。ここでは，グループでの仲間（グループ）と自己（メンバー個人）とのやりとりの体験を「仲間体験」と呼ぶことにする。

本事例では仲間体験として，（1）仲間に自分を出す体験［自己開示］，（2）仲間にふれて自分をみつめる体験［自己吟味］，（3）仲間に自分を問いかける体験［自己リスク］，（4）仲間に自分を支えられる体験［自己受容］，

の四つがみられた。

　また，これらの仲間体験を通しての以下に示すような仲間関係の発展を，エンカウンター・グループの場で形成された仲間関係という意味で，エンカウンター・ピア・リレーションと呼ぶことが出来るであろう。

　これらの仲間関係（エンカウンター・ピア・リレーション）としては，（1）ストレンジャー（未知）を中心とした仲間関係（知らない人と仲間になる関係），（2）ファミリア（既知）を中心とした仲間関係（仲間の新たな面を発見する関係），（3）カウンター（対立）を中心とした仲間関係（対立を超えて仲間になる関係），（4）サポート（支持）を中心とした仲間関係（仲間に支え，支えられる関係）の四つが指摘される。

　以下では，メンバーの感想文をもとに，これらの仲間体験および仲間関係を検討してみよう。

（1）　仲間に自分を出す体験［自己開示］

　まずメンバーのひとりの感想文1を少し長くなるが引用してみよう。エンカウンター・グループ体験でのメンバーの心の動きがよく表現されている。

「はじめ私自身何も知らなかったし，気持ちや感情としては白に近い状態だった。ファシリテーターから何かテーマを与えられて，それに従って進めていったりするのだろうと思っていた。しかし，テーマを与えられたのは自己紹介をかねた1回目のみで，私はテーマを与えないから自分たちで好きなようにやって下さいと言われて，私としては意外な感じがしました。

　テーマがないなかから何かテーマのようなものを見つけ出して話し合うのは，とても難しいと思いました。何か言わなければならない，何かテーマはないだろうかと気持ちばかりが焦っていました。そしてたわいもない話や学校や実習の話などをしていても，こんな状態で本当にいいのだろうかとも考えました。でも他人であるファシリテーターを交えて，初めから

いろんな話ができるわけはないし、これでいいのかな、なんて考えたりしました。沈黙が続いたりすると、何も言いだすことが出来なかった自分にはがゆさも感じました。

でも、グループのみんなが何かをきっかけにして、それぞれが勇気を出した時、ほんとうにこの体験をしてよかったと思いました。自分の性格はこうだから、自分でわかっているからと思っていたのに、人の話を聞いていると自分はまだちっぽけな人間でしかないのだなって、つくづく感じました。」（感想文１）

この感想文１には、グループ体験での以下のような自己のプロセスが述べられている。

① グループ参加の受身・依存性
② 自分たちで進めることの戸惑い
③ テーマをみつける難しさ・焦り
④ 自分のはがゆさ
⑤ 沈黙のつらさ
⑥ 誰かの勇気ある発言
⑦ 自分にふれる
⑧ 自分の新たな発見
⑨ 自分自身への勇気

メンバーにとって、まずもっとも大きな課題は、与えられた時間をどう過ごすかといったことであった。日常生活では、決められたカリキュラムに沿って生活しているメンバーにとって、一つのショック体験であった。自ら動くということに対していかに自分が無力であるか？　次のようにも述べられている。

「話題提供したくても思いつかないというか、何を話していいのかわからない自分がさみしい。」

「自分の気持ちを押し殺しているのを感じた。話題提供がないので『何か，何か』と焦っていたみたい。」

ここには話題の模索を通して，話題を見つけられない「自分」についての気持ちが語られている。話題がない沈黙の場面は確かにつらい。しかし，感想文1にみられるように，沈黙には自らの内面を省みる力がある。また，心のうちでの自らのお喋りに対して耳を傾ける時間を与えてくれる（安部，1978b）。そして，このことは次に述べる「仲間にふれて自分をみつめる」体験に結びついていくものと思われる。

（2） 仲間にふれて自分をみつめる体験［自己吟味］
次に仲間にふれて自分をみつめる体験について検討してみよう。

「私は話しベタだし，思っていることをうまくみんなに表現できないため，みんなと話すことを，以前から避けていたように思う。でもみんなが話していることを聞いているうちに，自分の考えと一緒の人もいることがわかったし，同じことで悩んでいる人もいるし，この人にはそんな悩みなんかないんじゃないかと思っていた人も，自分以上に悩んでいることがわかり，なんとなく今までの自分がなさけなくなったような気がしました。私自身，みんなの悩んでいることを聞き，それに対して，もらい泣きもしたけれど，その反面，自分を考えて，自分に対して涙を流していたように感じます。」
（感想文2）

この感想文2から，① 仲間への共感，② 仲間についての発見，③ 自分自身への問い，など仲間の体験にふれたメンバーの心の動きを読み取ることが出来る。仲間の体験にふれることが自己をみつめ仲間関係を考える契機となっており，仲間の新しい面を発見するとともに，自分はどうだろうかと自己への関心を高めている。

(3) 仲間に自分を問いかける体験 [自己リスク]

次にエンカウンター・グループ体験にとって特徴的な体験である「仲間に自分を問いかける体験」を検討してみよう。

「最初の頃は話せなくて苦しかったけど，回を重ねるごとに，みんながわかってきたし，話す場にも慣れてきて，どんどん話せるようになったと思う。他人の知らなかった面を知ることによって，自分も考えさせられたし，それがとてもプラスになったと思う。意外と私もそう思っていると，うなずける場面が多かった。
　また勇気をもって自分のことを話したことで，みんなに前より自分自身を知ってもらえ，すごく安心した気分だ。そのことで人もプラスになって「ありがとう」ということばを聞けてうれしかった。人と話すことによって自分の心を開くことが，このグループ体験で出来た。」(感想文3)

このメンバーの感想文から，① 皆がわかってきたことの安心感，② 他人の知らなかった面を知るプラス体験，③ 自分のことを，勇気をもって話す，④ 自分のことを知ってもらったという安心感，⑤「ありがとう」というフィードバックのうれしさ，⑥ 心を開く経験の満足感，などが窺える。

大切なのは，「仲間に問いかける」(勇気ある) 発言が，他のメンバーへの安心感，あるいは肯定的 (プラス) 体験に支えられて行われている点である。また，自分の発言が，他のメンバー (仲間関係) にとっても肯定的 (プラス) 体験として受け止められていることを，このメンバーは発見し満足している点である。

(4) 仲間に自分を支えられる体験 [自己受容]

自分を開示し，仲間にふれ，仲間に励まされ支えられ，自己を受容していく体験がエンカウンター・グループ体験の特質である。次の感想文4を見てみよう。

「まず何といっても，私は自分について悩んだこともそんなにないし，自分について考えたこともなかったような気がします。ここにきて，みんな今までいろいろ苦しんできたのを聞いて，"私はいったいどうなんだろう"と考えてみると，結局，よくわからなくなって，本当に不安になってきました。

　Nさんたちが本当にうらやましくなりました。彼女たちは彼女たちなりに今までいろいろ悩んできたけど，自分というものを知っているし，どうにかして直そう，努力しようとしてきているのが，本当にうらやましかった。なんか自分がなさけなくなって，かといって，今考えてみようと思っても，そんなにすぐ考えられるわけもないし……。

　しかし，昨夜Mさんたちと話していて彼女も自分がわからない，不安だって言ってくれました。それと同時に"どうすればいいか"なんて考えていると，わからないなりに，少し先がみえてきたような気もしています。」
（感想文4）

感想文4では，以下のような心の動きを読み取ることができる。
　① 友だちの体験にふれる
　② 自分をふりかえる
　③ わからない
　④ 他人の体験のうらやましさ
　⑤ わからない「仲間」の発見と支えられる体験
　⑥ 安堵感
　⑦ これからどうするのか
　⑧ 少し先がみえてきた

　他人の体験にふれることで一時的に動揺したとしても，そのことを仲間から支えられることによって，これからを考える契機となっている。
　このような「仲間の新しい面の発見」また「仲間にふれて支えられて，自分をみつめ発見すること」などは，通常の教室での知識伝達を中心とし

た授業ではみられない体験である。まさにエンカウンター・グループを中心とした体験学習であるからこそ可能であるといえる。次のメンバーの感想文5をみてみよう。

「きょう，ある人から『欠点のみえない人は，どこかで心を閉ざしてしまっているからだと思う。だれでも欠点というものはあるんだから，それがみえないのは，その人が自分を素直に出していないから』という話をきいた。私自身のことのように思われた。私はあまり人から欠点を指摘されたことがないように思う。それは私がその人たちに本当の自分を見せてなかったからではないだろうか。本当の私を見てくれたら，たくさんの欠点をみつけて，それを言ってくれるだろうと思う。しかし，私は，人に性格のこととか言われるとカッとくるので，それを考えて人が言わないのかもしれない。」（感想文5）

この感想文5には，自分の性格なり態度に対して，自分自身の何が仲間関係のギャップになっているかを少しずつ，自分に問い始め，その洞察のキッカケを摑み始めた様子が窺われる。

① ひとりのメンバーのひっかかる言葉
② ドキッ，自分のことでは
③ 私は？
④ 見せない自分
⑤ 言ってくれないみんな
⑥ 言われると私はカッとするので

ひとりのメンバーの言葉を自分のこととして受け止めること（自己受容）が，グループ体験の中で起きている。さらに「深く自己をみつめること（自己受容）」は，「自分を知ってもらうこと（自己開示）」を通して，「仲間にふれる（自己吟味）」，「仲間に問いかける（自己リスク）」のプロセスを生みだしていく。

以上のようなかたちで，既知集団を対象としたエンカウンター・グルー

プ体験は,日常にはない仲間体験および仲間関係の発展の場を,メンバーに提供するのである。

第3節　ファシリテーションの着目点
── 共通性と差異性 ──

　本節では,ファシリテーターがグループ・プロセスを促進していく際の着目点として「共通性（同じ）」と「差異性（違い）」について検討を行いたい。

　事例8はグループによるファシリテーター受容の典型例であり,グループ・プロセスは,これまでみてきたように,まずは,ファシリテーターとメンバーの間の「共通性（同じ）」,いわゆる共通項の形成が行われ,次に,その「共通性（同じ）」を基盤として,ファシリテーターとメンバーの間の「差異性（違い）」が確認され,ファシリテーターはグループから受容された。

　そしてその後,グループによるメンバー受容プロセスへと移行し,メンバーとメンバーの間の「共通性（同じ）」の発見が行われ,メンバーとメンバーの間の「差異性（違い）」を明らかにするプロセスへと進展した。

　一方,事例7はグループ・プロセスでみたように,メンバーはエンカウンター・グループ体験に対して強い恐怖感を示し,グループによるファシリテーター受容が困難を極め,事例8のようにはグループ・プロセスは展開しなかった。事例7においては,グループ・プロセスは,1.メンバーとメンバーの間の「共通性（同じ）」,2.メンバーとメンバーの間の「差異性（違い）」,3.ファシリテーターとメンバーの間の「差異性（違い）」,4.ファシリテーターとメンバーの間の「共通性（同じ）」の順序であり,通常とは異なった展開をみせた。

　以下では,この事例7の非典型事例を取り上げて,ファシリテーション

における着目点である「共通性（同じ）」と「差異性（違い）」について，この事例7のグループ・プロセスの順序に沿って検討を行いたい。

1. メンバーとメンバーの間の「共通性（同じ）」

メンバーとメンバーの間には，看護師という「同じ」職業を志向する共通性があるだけでなく，寮生活など共通の生活をする仲間であり，「同じ」という要素が多く見られる。この「同じ」要素が既知集団エンカウンター・グループの特色であり，いわゆる，ジェネラル・エンカウンター・グループとは異なっている。すなわち，通常は見知らぬメンバー同士の集まりであるが，本事例では，お互いに見知っている「同じ」仲間である。

このような「同じ」仲間であることが，グループ体験のなかで，グループ・プロセスにどのような影響を与えたかをみてみよう。

まず，グループ体験に対して強い恐れや不安をメンバーは経験するが，これはメンバーにとっては，「同じ」思いであるだろう。そして，このことはグループ体験への期待についても「同じ」であるにちがいないという確信を形成することになった。しかしながら，このことはメンバー間における「たぶん，そうであるにちがいない」といった性質のものであり，グループ・プロセスが進むにつれて，その〈違い〉が明確になってくる。安部（1984a）はこのような既知集団エンカウンター・グループにおいて共有される特有の確信を「みんな意識」と呼んだ。もちろん，「みんな意識」とはいうものの，明確に意識されたものではなく，みんなもそうではなかろうか，という曖昧なものであり，事例4にみるように，グループ体験のなかで確認することによって，容易に，その不確かさがはっきりする性質のものである。

この「同じ」思いは，基本的にはメンバーの強い仲間意識の形成に基づくものであると考えられ，上に述べたような「みんな意識」は，違いを明確にすることによって，さらに，より強い仲間意識へ発展していくものと思われる。すなわち，事例7の場合には共通の話題（共通項）探しへと発

展していく基盤を形成したと考えられる。

　事例7では,「親友」,「自分と家族」,「性格」,「日常の友人関係」へと共通の話題が展開していっている。このような展開においては,「同じ(共通性)」を話題にすることによって,仲間意識をより強固にし,「違い(差異性)」を認め合うための支持基盤を形成する。

　なお,治療グループにおいても,Yalom (1995) は治癒因子として universality を指摘しており,小谷 (1995) は,「メンバーは,ほとんどのような場合も,他のメンバーによって経験される異常な考えや体験を安全に扱うことができる」と,メンバーの持つサポート機能を最大限に利用することを集団精神療法の基本介入の一つに挙げている。

2．メンバーとメンバーの間の「差異性(違い)」

　なぜ,それほどまでに「同じ」仲間であることの形成あるいは確認が必要かといえば,既知集団においては,上に述べたように,お互いの「違い」を受容する,そのための準備として必要であるということが出来よう。

　それは,結局のところ,最終の徹夜セッションにおける相互フィードバックへとつながっている。お互いの日常の友人関係での「思い違い(誤解)」を解き,新しい仲間関係へと発展させていく。ただ,そのためには,一つひとつの話題において,グループ・プロセスのなかで「違い」を認め合い,グループに「違い」を認めようという雰囲気が形成されることが必要なのである。日常の寮などの生活では,ルールあるいは規制というかたちで,「同じ」であることが強制され,「違い」はどちらかといえば排除されがちであることが,メンバーとの会話で話題にのぼった。

　したがって,メンバーは参加動機の「違い」,看護師を志望した理由の違い,家族との関係など自分の置かれた立場の違い,そして「性格」の違いと,一つひとつの話題において「違い」を確認していった。メンバーにとっては,一つひとつの「違い(差異性)」が「同じ」生活をしていながら,いかに,お互いを知らないかという驚きの体験であった。

では，なぜ，このように身近に生活していながら，お互いの知らなさが生じてしまうのだろうか。むしろ，身近に生活しているからこそ，お互いの知らない（知ろうとはしない）面が生じてしまうのだとも理解しうる。
　Rogers（1970）は，現代の人間関係においては，真実の自己に出会うことが，いかに孤独で傷つきやすい体験であるかを指摘している。家族のように親密な生活をしているがゆえに，お互いの良い面も見えるが，見たくないお互いの嫌な面も確かに見えてしまう。ただ，そのことで争っていたのでは，日常生活が成り立たない。
　したがって，エンカウンター・グループ体験などがないかぎり，日常生活のなかで相手に本音を直接に伝える機会は少ない。既知集団における日常の人間関係の発展は，お互いの「違い」をも受容できるグループ体験の雰囲気のなかにおいてこそ可能なのかもしれない。本事例におけるMさんなどは日常生活においては，どちらかといえば強がっていて誤解されているメンバーである。もう少し肩の力を抜いて接することをMさんはこのグループ体験で学んだ。
　最終セッションにみられたような，仲間同士の対立なども日常ではよく起きるものであろうが，日常では，よほどのことがないかぎり，あえてそのことに直面しようとするまでにはいたらないで終わることが多い。
　本事例では，それまでのセッションでのメンバーの「違い」への取り組みが，さきに述べた「同じ」であることを通して，強い仲間としての支持基盤を形成していたからこそ，お互いの「違い」の受容を可能にしたものと思われる。

3．ファシリテーターとグループの間の「差異性（違い）」

　さて，次にファシリテーターとグループの間の「違い」であるが，ファシリテーターには二つの視点が可能であるように思われる。第一の視点はファシリテーターとグループの間の「違い」である。第二は，メンバーとメンバーの間の「違い」に焦点を当てる視点である。

まず，ファシリテーターとグループの「違い」であるが，グループにとっては，ファシリテーターは唯一日常を共有しない「同じ」という共通点のない見知らぬ人である。グループにとっては，この見知らぬ人（ストレンジャー）であるファシリテーターをどのように理解するとよいのか。

　グループにとっては，このファシリテーターとの間の「違い」をつなぐ試みの一つが，ファシリテーターへの依存・期待であったかもしれない。ファシリテーターという，メンバーとは「違う」名称が与えられているのであるから，どのように自分たちがこの場を過ごすとよいかを教えてほしいとファシリテーターに期待するのは，メンバーの当然の心理であろう。しかしながら，ファシリテーターの態度は期待していたものとは違っており，リードしてくれないし，「水の飲み方（グループでの過ごし方）」を教えてもくれない。

　ファシリテーターは「皆さんが望むようにこの場を進めていくことができます。どのように進めていくかはみんなで決めていきましょう」と，逆にグループに依存的である。

　このようなファシリテーターとグループの「違い」は，参加動機の違いの明確化，親友を巡っての対立，「性格」の取り上げ方，フィードバックにおけるメンバーの個々の性格の違いの指摘，などとなってグループ・プロセスのなかで出現する。

　このファシリテーターのグループとの間の「違い」を強調する態度は，どちらかといえば，ファシリテーターとグループの関係を緊張あるものとし，ときに対立・反発を生み出す。ややもすれば，ファシリテーターとグループの関係を「切る」方向に働く可能性がある。

　極端な場合には，ファシリテーターによるグループの放棄となる可能性もあるし，メンバーによるファシリテーターの追放となる場合も考えられる。たとえば，事例1のように，ファシリテーターのスケープ・ゴート現象となって現れやすい。したがって，Toker（1972）は，グループ・セラピーにおいて必須な現象としてスケープ・ゴート現象を指摘し，Beck

(1981)がグループ・プロセスを促進する一つの現象としてシステム形成の観点から捉えたように，ファシリテーターには，このファシリテーターとグループの間に生起する「違い」を「つなぐ」ための理解と働きかけが求められる。

次に，メンバーとメンバーの間の「違い」に焦点を当てたファシリテーターの試みであるが，これは，2．メンバーとメンバーの間の「違い」で述べたように，ファシリテーターはグループの「みんな意識」に対して，そうだろうかと「問いかける」ことによって，メンバーの個別性（差異性）を明確化していくことになる。

4．ファシリテーターとグループの間の「共通性（同じ）」

この場合にも，二つの視点が可能である。第一は，ファシリテーターとグループの「共通性（同じ）」という視点であり，第二はメンバーとメンバーの間の「共通性（同じ）」という視点である。

第二の視点のメンバーとメンバーの間の「共通性（同じ）」であるが，これは1．で述べたようにメンバー間の共通性にファシリテーターが働きかけることである。メンバー間の支持機能を高め，仲間関係を強化しようとする。自分だけではなく，みんなも同じように体験していることであることを強調する態度である。

ここでは第一の視点である，ファシリテーターとグループとの間の「共通性（同じ）」について詳しくみてみよう。これは，事例1および事例2で「共通項の形成」として指摘したように，ファシリテーターとグループとの間の関係を「つなぐ」働きをしている。

たとえば，「親友」を巡ってのグループとの対立においても，グループと親友になりたいというのが，ファシリテーターの基本的態度である。メンバーとの関係を持とうとしているわけであり，この点については「ファシリテーターの仲間感」として前に述べた通りである。あくまでも，ファシリテーターからグループとの間をつなぐ試みである点を押さえておくこと

が大切である。

 ところで,このようなファシリテーターのグループと「共通性(同じ)」を形成する態度を可能にしているところに,エンカウンター・グループにおけるファシリテーターの特徴がみられる。エンカウンター・グループの最も大切な哲学が,そこに表現されているといってよいだろう。すなわち,「ファシリテーターもメンバーのひとりである」というこれまでにもふれてきた発想である。

 このファシリテーターも「同じ」メンバーであるという態度は,初期のグループ・プロセスにおいては,メンバーとともにどのように,この場を過ごしたらよいのかを模索する態度となって現れる。決して,メンバーが模索するのをファシリテーターはひとり高みの見物をするのではなく,あくまでもファシリテーターもその場を模索するひとりなのである。このようなファシリテーターのメンバーと「同じ」という態度は,ファシリテーターとメンバーとの間の「相互性」を可能にする。そして,この相互模索のグループ・プロセスは,仲間としての相互信頼を生み出す基盤を準備し,ファシリテーターをメンバーのひとりとして,グループがファシリテーターを受けいれることを可能にしている。

 ファシリテーターも「同じ」メンバーであるという発想について,エンカウンター・グループにおいては,基本的哲学であるだけに,もう少し触れておこう。

 Rogers は,自分を宗教改革における Martin Luther に比して述べたことがある (Rogers, 1983) が,Rogers は,人と人との関係における「同じ」を求めたのではないか。当然のことながら,この場合の「同じ」は共通性だけでなく「平等性」といったものを含んでいる。

 彼は,人と人との関係における「平等性(同じ)」を求めて,非指示的カウンセリング,クライエント中心療法,エンカウンター・グループあるいはパーソン・センタード・アプローチ (Rogers, 1942, 1951, 1961, 1970, 1980) へと,関係(自己)のあり方を発展させ,また対象をクライエントか

ら健常人，さらに人類の平和 (Rogers, 1987) へと拡大してきたのだとも考えられる。

　しかし残念ながら，村山 (1995) が指摘するように，このような Rogers の変化は十分に理解されているとは言い難い。初期の治療者として (as a therapist) の Rogers 像だけが定着してしまい，その後の，ひとりの人として (as a person) の Rogers の発展については知られることが少ない。

　本論で指摘するように，ファシリテーターもメンバーと「同じ」メンバーであるという視点，あるいは人と人は「同じ」であるという観点に立てば，当然のことながら，Rogers の後半生の部分にこそ Rogers らしさがあるといえるのではなかろうか。

第Ⅳ部

総合的考察

第7章 既知集団エンカウンター・グループの
グループ・プロセス

第1節 既知集団エンカウンター・グループの
グループ・プロセスの公式化

　既知集団を対象としたエンカウンター・グループのグループ・プロセスの公式化を試みたものが，表3あるいは図6，図7である。
　表3は，グループによるファシリテーター受容プロセスとグループによるメンバー受容プロセスの二つのプロセスに対応して，1．グループの構造，2．グループの課題，3．メンバーのファシリテーター体験，4．メンバーの仲間体験，5．ファシリテーションの着目点，6．仲間体験のファシリテーション，7．仲間関係のファシリテーション，8．仲間関係の発展，から成り立っている。以下に簡単に説明してみよう。

1．グループの構造

　既知集団エンカウンター・グループにおけるグループ構造の特徴は，「スケープ・ゴート構造」であるというのが，本論の着想である。すなわち，グループによるファシリテーター受容プロセスにおいてはファシリテーターが，またグループによるメンバー受容プロセスにおいては特定のメンバーが，受容されるか，あるいはスケープ・ゴートになるかといったグループ構造になる。また，このグループ構造は日常の仲間関係を反映したものであり，このグループ構造を克服することによって，既知集団は新しい仲

間関係を獲得することができるのである。

2．グループの課題

したがって，グループの課題としては，グループによるファシリテーター受容プロセスにおいて，ファシリテーターはどのようにグループに加入し共存するかが課題となり，グループによるメンバー受容プロセスにおいては，特定のメンバーはいかにグループに加入し共存するかが課題となる。

この場合，ファシリテーターおよび特定のメンバーにとっては加入し共存するという課題であるが，グループの側からは，どのようにファシリテーターおよび特定のメンバーを受容するかという課題となる。通常，セラピー場面では，受容というのはセラピストの行為として考えられるが，本論ではファシリテーターが受容するというのではなく，グループが受容するというかたちで論旨を展開している点に特色がある。

したがって，ファシリテーターが受容するということではなく，グループ（メンバー全体）が受容するとした点では，本論のアプローチはグループ・センタード・アプローチと呼ぶことが出来るかもしれない。

3．メンバーのファシリテーター体験

メンバーは見知らぬファシリテーターをどのように体験するのか。メンバーのファシリテーター体験としては，仲間として試す（一緒に？），仲間として迎える（問いかける，特徴は？），仲間として期待する（頼る），仲間として支える（肯定する）が挙げられる。

メンバーは，まずファシリテーターを仲間として，一緒にやっていける人であるかどうかを試す。このとき，メンバーとしてファシリテーターに最も確かめたいのは「安全な」人であるかどうかであろう。このことは未知集団エンカウンター・グループでも同じである。ただ既知集団エンカウンター・グループの場合に異なっているのは，さまざまな自発的活動のなかで「一緒に」という感覚を通してファシリテーターはメンバーに試され

表3 既知集団EGにおける仲間体験と仲間関係の発展

	グループによる ファシリテーター受容プロセス		グループによる メンバー受容プロセス	
	ファシリテーター対グループ [ファシリテーター・スケープ・ゴート構造]	ファシリテーター個人の共存	メンバー個人対グループ [メンバー・スケープ・ゴート構造]	メンバー個人の共存
1. グループの構造	ファシリテーターの加入	ファシリテーターの共存	メンバー個人の加入	メンバー個人の共存
2. グループの課題	仲間として試す ○一緒に？	仲間として迎える ○問いかける（特徴は？）	仲間として期待する ○頼る	仲間として支える ○肯定する
3. メンバーのファシリテーター体験	仲間に自分を出す（自己開示）	仲間にふまれる（自己吟味）	仲間に問いかける（自己リスク）	仲間に自分を支えられる（自己受容）
4. メンバーの仲間体験	同じ（グループ全体） ○同じメンバーとして	違い（メンバー個人） ○違いを持ったメンバーとして	同じ（グループ全体） ○同じ仲間として	違い（メンバー個人） ○違いを持った仲間として
5. ファシリテーションの着目点（共通性と差異性）	自発的活動の尊重 ○自分から動いてみる	グループの安全感の形成 ○話せる雰囲気を感じる（思い切って言う）		自己への安心感の保護 ○安心して語れる
6. 仲間体験のファシリテーション	グループ(仲間)になるプロセス ○自己開示とつなぎ ○主体性の発揮 ○個別項の形成		メンバー加入プロセス ○受け止めとつなぎ ○個人とグループの両方への動きかけ	メンバー共存プロセス ○肯定的側面の強調 ○メンバーの援助力の活用
7. 仲間関係のファシリテーション	ストレンジャー(未知)を中心とした仲間関係 (stranger-peer-relationship) ○知らない人と仲間になる関係	ファミリア(既知)を中心とした仲間関係 (familiar-peer-relationship) ○仲間の新たな面を発見する関係	カウンター(対立)を中心とした仲間関係 (counter-peer-relationship) ○対立を超えて仲間になる関係	サポート(支持)を中心とした仲間関係 (support-peer-relationship) ○仲間に支え、支えられる関係
8. 仲間関係の発展				

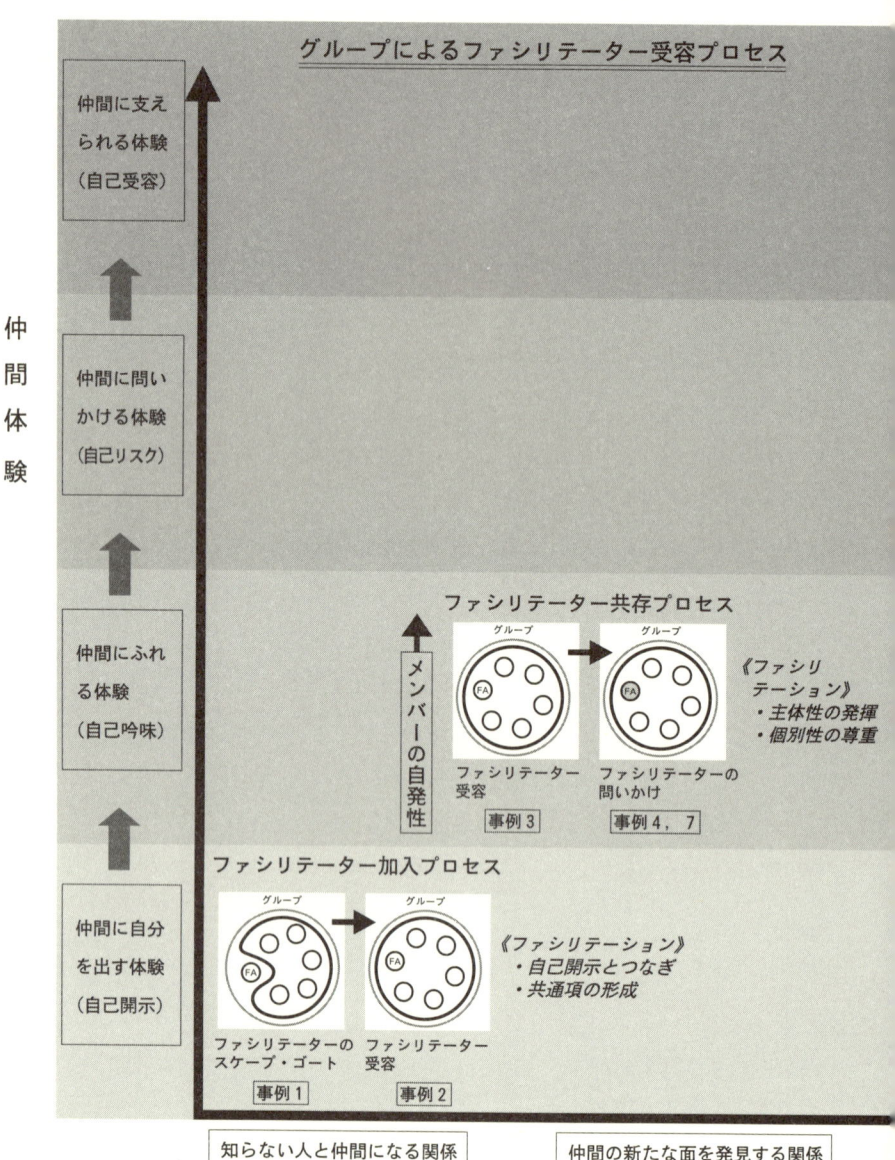

グループによるファシリテーター受容プロセス

仲間体験

- 仲間に支えられる体験（自己受容）
- 仲間に問いかける体験（自己リスク）
- 仲間にふれる体験（自己吟味）
- 仲間に自分を出す体験（自己開示）

ファシリテーター共存プロセス

メンバーの自発性

ファシリテーター受容 → ファシリテーターの問いかけ

《ファシリテーション》
・主体性の発揮
・個別性の尊重

事例3　事例4，7

ファシリテーター加入プロセス

ファシリテーターのスケープ・ゴート → ファシリテーター受容

《ファシリテーション》
・自己開示とつなぎ
・共通項の形成

事例1　事例2

仲間

知らない人と仲間になる関係（ストレンジャー）　　仲間の新たな面を発見する関係（ファミリア）

図6　仲間

第7章 既知集団エンカウンター・グループのグループ・プロセス

グループによるメンバー受容プロセス

メンバー共存プロセス

```
グループ          グループ
 ○ ○              ○ ○
○ FA ○   →    ○ FA  ○
 ME              ME
 ○ ○              ○ ○

「自己受容」の困難さ    メンバーの共存
   事例6              事例8
```

《ファシリテーション
　－メンバー個人の保護》
・肯定的側面の強調
・メンバーの援助力の活用

↑ 自己への安心感

メンバー加入プロセス

```
グループ          グループ
 ○ ○              ○ ○
○ FA ○   →    ○ FA  ○
 ME              ME
 ○ ○              ○ ○

メンバーの          メンバーの受容
スケープ・ゴート
  事例5              事例5
```

《ファシリテーション
　－メンバー間の仲介》
・受け止めとつなぎ
・個人とグループの
　両方への働きかけ

↑ グループへの安全感

FA：ファシリテーター
ME：メンバー
――：物理的空間
――：心理的空間

→

| 対立を超えて仲間になる関係 | 仲間に支え，支えられる関係 |
| （カウンター） | （サポート） |

関　係

本験の発展

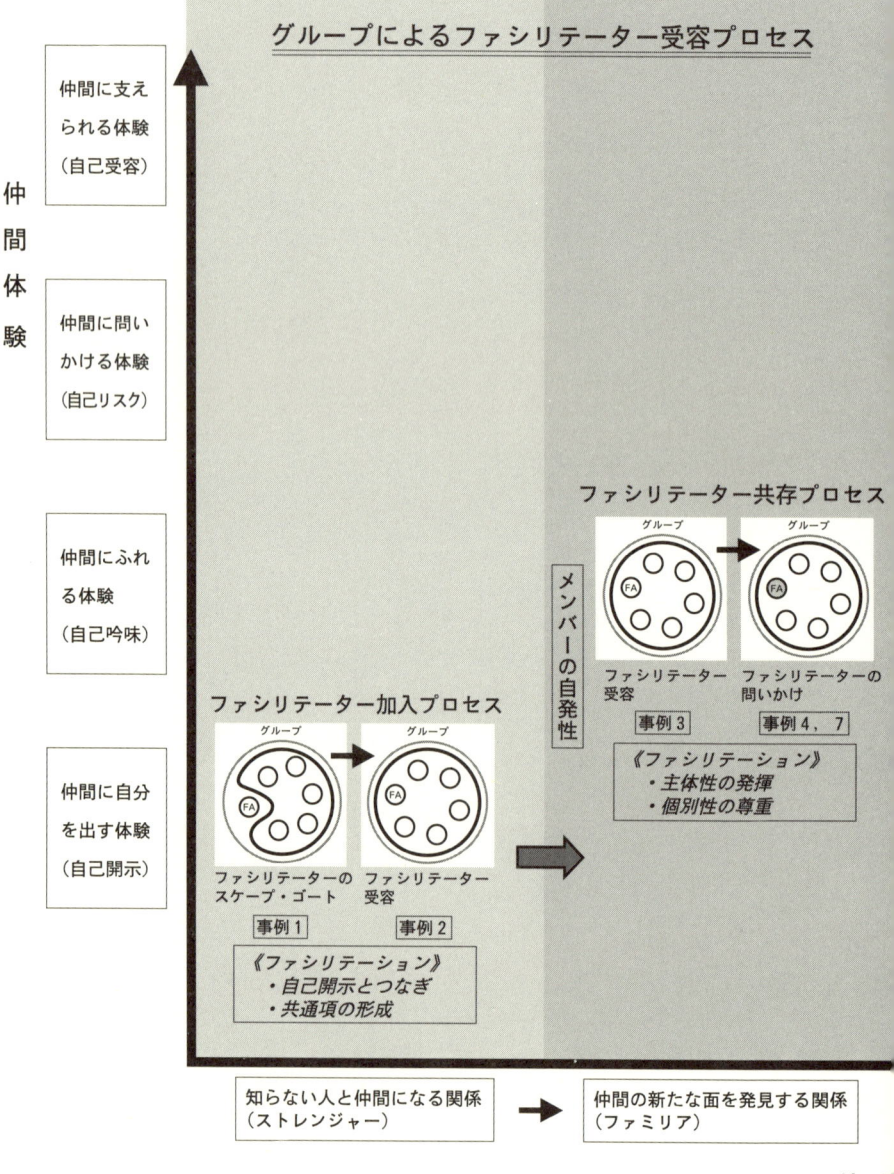

グループによるファシリテーター受容プロセス

仲間体験

- 仲間に支えられる体験（自己受容）
- 仲間に問いかける体験（自己リスク）
- 仲間にふれる体験（自己吟味）
- 仲間に自分を出す体験（自己開示）

ファシリテーター加入プロセス

ファシリテーターのスケープ・ゴート → ファシリテーター受容

事例1　事例2

《ファシリテーション》
・自己開示とつなぎ
・共通項の形成

メンバーの自発性

ファシリテーター共存プロセス

ファシリテーター受容 → ファシリテーターの問いかけ

事例3　事例4, 7

《ファシリテーション》
・主体性の発揮
・個別性の尊重

知らない人と仲間になる関係（ストレンジャー） → 仲間の新たな面を発見する関係（ファミリア）

図7　仲

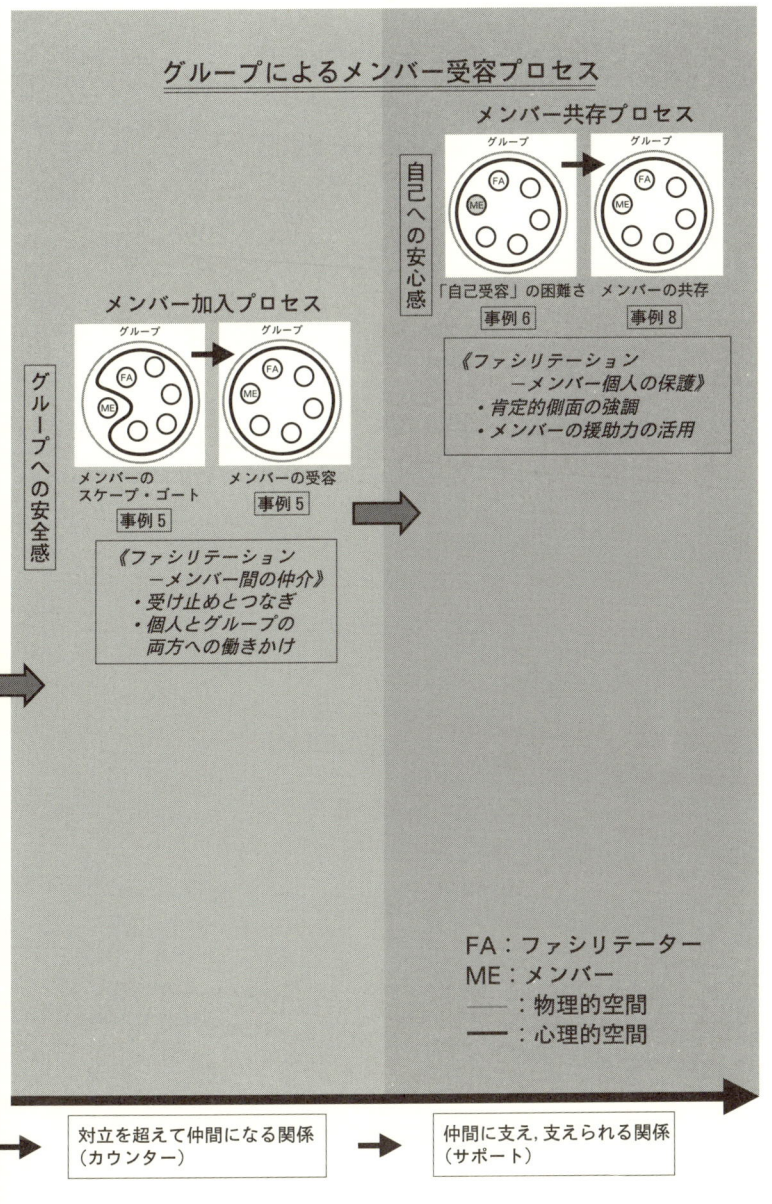

第 7 章 既知集団エンカウンター・グループのグループ・プロセス

グループによるメンバー受容プロセス

メンバー加入プロセス

グループ / グループ

メンバーの　　　メンバーの受容
スケープ・ゴート
事例 5　　　　事例 5

《ファシリテーション
　―メンバー間の仲介》
・受け止めとつなぎ
・個人とグループの
　両方への働きかけ

メンバー共存プロセス

グループ / グループ

「自己受容」の困難さ　メンバーの共存
事例 6　　　　事例 8

《ファシリテーション
　―メンバー個人の保護》
・肯定的側面の強調
・メンバーの援助力の活用

グループへの安全感　→　自己への安心感

FA：ファシリテーター
ME：メンバー
──：物理的空間
──：心理的空間

→ 対立を超えて仲間になる関係　→　仲間に支え,支えられる関係
　（カウンター）　　　　　　　　（サポート）

関　係

係の発展

る点であろう。

　この「試し」に合格したファシリテーターは，仲間として迎えられ，仲間として期待され，仲間として支えられることになる。既知集団エンカウンター・グループの場合には，この「試し」に合格できるかどうかが，その後のメンバーのファシリテーターに対する態度を決定する。

4．メンバーの仲間体験

　メンバーの仲間体験としては，図6，図7の縦軸にみるように，仲間に自分を出す（自己開示），仲間にふれる（自己吟味），仲間に自分を問いかける（自己リスク），仲間に自分を支えられる（自己受容），がみられる。メンバーはグループ体験のなかで，この四つの仲間体験を経験する。

　既知集団を対象としたエンカウンター・グループでは，「仲間」と「自己」との関わりとしてグループ体験を捉えることができる。日常では発展させることが難しい「自己」と「仲間」との関係を，エンカウンター・グループの場は提供するのである。

5．ファシリテーションの着目点 ── 共通性と差異性 ──

　メンバーは仲間に自分を出すことによって，自分だけと思い込んでいたことがそうではなく，ほかのメンバーにも共通したことであることに気づく。また逆に，自分もと思っていたことが，そうではないといった差異性（違い）を発見する。ファシリテーターはこれらメンバー間の「共通性」と「差異性」をグループ体験（仲間体験と仲間関係）の促進のために，取り上げる。

　とくに既知集団を対象としたエンカウンター・グループでは，グループ体験の開始時にファシリテーターとグループの間の「共通性（共通項）」を発見しようとするファシリテーターの試みが，なによりも大切であるというのが本論の主張である。

　また，ファシリテーターはメンバー間の「共通性（共通項）」や「差異

性」にも着目することによって，メンバー間の仲間体験や仲間関係を強めるための働きかけを行う。特に導入期において，この「共通性（共通項）」の発見を丁寧に進めていく。というのも，「差異性（違い）」を取り上げる場合には，このメンバー間の「共通性（共通項）」が基盤となるからである。「共通性（共通項）」の基盤が十分でないのに「違い」を取り上げようとしても，メンバー間の仲間体験や仲間関係が近しくなることは難しく，むしろ離れていく結果になりがちである。

したがって，ファシリテーターが，メンバー間の「差異性（違い）」を取り上げる場合には，「共通性（共通項）」の形成が十分であるかどうかを見立て（アセスメント）ながら働きかけていくことになる。

6．仲間体験のファシリテーション

仲間体験を促進していく推進力としては，図6の縦軸にみるように，メンバーの自発性，グループへの安全感，自己への安心感，が指摘される。

これらの中で，既知集団エンカウンター・グループの場合には，とくにメンバーの自発性（自発的活動）が最も大きな推進力になり得るというのが，筆者の手ごたえである。したがって，ファシリテーターとしてはメンバーの自発性（自発的活動）を最大限に尊重することが求められる。

ところで，ファシリテーターがメンバーの自発性を尊重する場合に，メンバーの自発的活動を単に観察するのではなく，メンバーの自発的活動にファシリテーターが一緒に参加することが最大の尊重となる。また，ファシリテーターは参加することでファシリテーター自身の加入感や共存感をも高めることが出来るのである。

7．仲間関係のファシリテーション

図7の横軸に示しているのが仲間関係の発展である。ファシリテーターは仲間関係を促進するために，グループに入るプロセスでは「自己開示とつなぎ，共通項の形成」，グループのひとりになるプロセスでは「主体性

の発揮，個別性の尊重」，メンバー加入のプロセスでは「受け止めとつなぎ，個人とグループの両方への働きかけ」，メンバー共存のプロセスでは「肯定的側面の強調，メンバーの援助力の活用」を中心に，働きかけていくことになる。

ただし，当然のことであるが，これらのファシリテーターの働きかけは，いわゆるマニュアルのための項目を列挙しているのではない。これらの「項目に従って」ファシリテーターは働きかけるのではない点に留意が必要であろう。働きかけるためにはファシリテーターのグループ・プロセスに対する独自の観察と読み（アセスメント）が求められるのであり，グループ・プロセスを無視して，これらの「項目に従って」働きかけることは益をもたらさないし無謀であろう。

8．仲間関係の発展

以上の結果として，既知集団を対象としたエンカウンター・グループでは，ストレンジャー（未知）を中心とした仲間関係（知らない人と仲間になることによって出来上がってくる人間関係），ファミリア（既知）を中心とした仲間関係（知っている仲間の新たな面を発見することによって出来上がってくる人間関係），カウンター（対立）を中心とした仲間関係（対立を超えて仲間になる人間関係），サポート（支持）を中心とした仲間関係（仲間に支え，支えられることによって出来上がってくる人間関係）が，新しい仲間関係として形成され発展することになる。

第2節　未知集団エンカウンター・グループの発展段階
（村山・野島，1977；野島，2000）との比較

既知集団エンカウンター・グループのグループ・プロセスと未知集団エンカウンター・グループのグループ・プロセス（村山・野島，1977；野島，

第7章 既知集団エンカウンター・グループのグループ・プロセス

表4 未知集団 EG の発展段階(村山・野島, 1977；野島, 2000)との比較

発展段階				
	Ⅵ.′ 深い相互関係と自己直面	高展開グループ		④仲間に自分を支えられる体験 [自己受容]
	Ⅴ.′ 親密感の確立			・仲間に支え，支えられる関係 [サポート]
	Ⅵ. 深い相互関係と自己直面			③仲間に自分を問いかける体験 [自己リスク]
	Ⅴ. 親密感の確立	中展開グループ		・対立を超えて仲間になる関係 [カウンター]
	Ⅳ. 相互信頼の発展			②仲間にふれて自分をみつめる体験 [自己吟味]
				・仲間の新たな面を発見する関係 [ファミリア]
	Ⅲ. 否定的感情の表明	低展開グループ		①仲間に自分を出す体験 [自己開示]
	Ⅱ. グループの目的・同一性の模索			・知らない人と仲間になる関係 [ストレンジャー]
	Ⅰ. 当惑・模索			

　　　村山・野島(1977)　　　野島(2000)　　　安部(2004, 本研究)

2000)を比較したものが，表4である。特徴として，既知集団エンカウンター・グループでは，1.「否定的感情の表明」が顕著ではない，また，2. グループによるファシリテーター受容プロセスが大きな影響をもつ，という二つの点が指摘される。以下，これらを検討してみよう。

1.「否定的感情の表明」(段階Ⅲ)が顕著ではない

　グループ・プロセスの特徴として，未知集団エンカウンター・グループの第Ⅲ段階である「否定的感情の表明」が，既知集団エンカウンター・グループでは顕著ではない。このことは岩村(1985)の顔見知りの参加者が多いグループ体験でも報告されており，既知集団エンカウンター・グループに特有のことのようである。このことについて，岩村は「エンカウンター・グループを共にすごしてきた人達の間には，グループの同一性に関しても，

既にある程度の共通意識ができあがっていたからだろうか」と述べ,「私たちの周囲の学生グループには,従来の理論をそのままあてはめることの困難なグループがふえているように思われる」と指摘している。

また,Rogers (1970) は,この否定的感情の表明について,次のように述べている。

「最初の直接的感情が否定の形で表明されるのはなぜだろう。この形が,グループの自由さと信頼度を試す一番良い方法だという推論も成り立つだろう。」

しかしながら,既知集団エンカウンター・グループでは,既にお互いを知っており,未知集団エンカウンター・グループの場合のように,メンバーは敢えて「否定的感情を表明」することによって,お互いを試しあう必要はない。

「試す」必要があるのはファシリテーターだけであるため,ファシリテーター個人に対してだけ「否定的感情の表明」が行われることになり,ファシリテーター対グループという,いわゆるファシリテーター・スケープ・ゴート・グループ構造を形成することになる。

2. グループによるファシリテーター受容プロセスの影響が大きい

既知集団エンカウンター・グループのグループ・プロセスは,まずグループによるファシリテーター受容プロセスが先行して展開し,その後にグループによるメンバー受容プロセスが発展する。

したがって,既知集団エンカウンター・グループの場合には,前に指摘したように,未知集団エンカウンター・グループと比較して,グループによるファシリテーターの受容がうまくいくかどうかが,その後のグループ・プロセスに大きく影響する。

では,このグループによるファシリテーター受容は,どのような意義を

もっているのだろうか。その意義を明確にしてみたい。

　まずは，グループはファシリテーターを受容することによって，ファシリテーターを含めた「日常とは異なった」仲間関係を，エンカウンター・グループの場で，形成することが挙げられる。

　このときにグループにとっては，ファシリテーターという見知らぬメンバーを仲間として受容する体験そのものが重要である。なぜなら，グループはその体験によって，どのようにすれば，日常において孤立あるいは対立しているメンバーを，仲間として受容することが出来るかを学ぶからである。

　次に，グループによるファシリテーターの受容は，グループ（メンバー）のなかで日常において受容されていない，孤立したり対立したりしているメンバー個人を，仲間として受けいれるプロセスを生み出す。

　結果としてグループは，日常において受容されていないメンバー個人を仲間として受けいれることによって，「日常とは違う新しい」仲間関係を，エンカウンター・グループ体験の場で形成することになる。

　以上のように，グループによるファシリテーター受容は，日常の仲間関係をそれまでとは異なった新しい仲間関係に発展させるための，ある意味，触媒としての意味（意義）をもつと考えられる。

3．グループ・プロセスの特徴とエンカウンター・グループの発展

　このような未知集団エンカウンター・グループと既知集団エンカウンター・グループのグループ・プロセスにみられる違いは，エンカウンター・グループのその後の発展にも，一つの傾向をみることが出来る。

　すなわち，Rogers はエンカウンター・グループを，敵対する（antagonistic）グループ間の紛争解決のためのアプローチとして展開することになる。Rogers は，北アイルランドにおけるカソリック教徒とプロテスタント教徒が参加したグループ，南アフリカにおける黒人と白人のグループ，旧ソビエト連邦におけるグループ，中央アメリカの指導者のグループなど，

紛争や対立を解決するために，世界を駆け巡る。

　この敵対するグループに対する応用は，未知集団エンカウンター・グループにおける「否定的感情」を，否定されるべきものとして扱うのではなく，人間理解の一つのプロセスとして全体的（全人的）に関わろうとするRogersの哲学を反映してのものであろう。

　したがって，Rogersはグループの呼称も，エンカウンター・グループではなく，パーソン・センタード・グループ・アプローチとし，またグループの形態も，スモール・グループではなく，何百人単位のラージ・グループ（コミュニティ・グループ）を試みるかたちで発展させた。

　これに対して，日本では，敵対する（antagonistic）グループ間に対して応用されたという話は聞かない。敵対とまではいかないが，文化や慣習などの「違い」をもった人々が集まり，それぞれの「違い」を克服するためにエンカウンター・グループの活用が始まっている。野島（2004）は，「（留学や就労のために）日本在住の外国人で，子どもを日本の保育園や学校にやっている保護者のための母国語（中国語，韓国語）によるエンカウンター・グループ方式の心理支援の試み」を紹介している。

　日本では，コミュニティ・グループ（村山，1993）として発展する一方で，グループ内での対立や葛藤を解決するために既知集団エンカウンター・グループとして独特の発展をしている。

　このことは，未知集団エンカウンター・グループのように「否定的感情の表明」を媒介としてグループ・プロセスを促進するアプローチではなく，ファシリテーター自身を「触媒」としてグループ・プロセスを展開するという，Rogersとは異なった新しいアプローチの発展の可能性を示唆している。

　これまでのエンカウンター・グループ研究には，比較文化的観点からの報告は少なく（安部，1982c；畠瀬，1984；Murayama, Nojima, & Abe, 1988），今後の解明が期待される。

第8章　既知集団エンカウンター・グループの
　　　　ファシリテーション（その1）
── 仲間体験と仲間関係のためのファシリテーション技法 ──

第1節　仲間体験のためのファシリテーション

1．メンバーの自発性・グループへの安全感・自己への安心感

　既知集団エンカウンター・グループにおいて，仲間体験のファシリテーションとしては，図6に示すように，メンバーの自発性，グループへの安全感，自己への安心感が挙げられる。

　メンバーの自発性（自発的活動）は「仲間に自分を出す体験（自己開示）」の段階から「仲間にふれる体験（自己吟味）」の段階へ，またグループへの安全感は「仲間に自分を問いかける体験（自己リスク）」へ，さらに自己への安心感は「仲間に自分を支えられる体験（自己受容）」へ，仲間体験を引き上げる推進力になると思われる。

　これら三つのなかでも，既知集団エンカウンター・グループの場合には，メンバーの自発性（自発的活動）が最も大きな影響力をもっており，ファシリテーターには最大限の尊重が求められることは，すでに「発展過程の公式化」のなかで指摘した通りである。

　安部（1980）は看護学校におけるエンカウンター・グループの意義として，看護師としてのアイデンティティの試し，仲間関係の見直しと親密感の増大，おとなになるための条件の検討と共に，この自発性の経験を最初に挙げている。また，野島（2000）のファシリテーションの体系化では，

「ファシリテーションの共有化」において，導入段階の技法として「メンバーの自発的提案の尊重」が挙げられている。さらに，本山（2002）はエンカウンター・グループにおいてメンバーの自発性を高めることの意味として，①自己表現がほかのメンバーと調和がとれたかたちで実現され，②グループ体験に自分なりの意味を見出していく，といった過程が同時に進行して初めて，メンバーがグループ内で自発性を高めているとみることができるのではないかと指摘している。

したがって，次に既知集団エンカウンター・グループにおけるメンバーの自発性の意義について，事例3での自発的活動を通して考察したいと思う。

2．メンバーの自発性の意義

（1）「自分で動いてみる」体験

自発性体験はメンバー自身によるグループ体験の促進的活動（ファシリテーション）として理解することが可能であろう。すなわち，メンバーはグループ体験を自分たちの場として，自発的に動く楽しさを味わったのではないか。このことはメンバーのグループ体験直後の感想文には，「自分たちグループ全員で考えて時間を使っていく体験」（D），「3日間を自分達でつくり，楽しんだ」（C）といった言葉で表現されており，とくに以下に示すOさんの言葉に代表される。

「次に何をしなければいけないとかスケジュールが決まっているわけではなく，みんなで時間の過ごし方を決めて楽しくゲームをするなど，日常できないような時間の使い方ができて良かった。」（O）

エンカウンター・グループの場はメンバーが「自分たちで決めていく」時間であったわけである。

事例3の場合，その引き金をひいたのはEさんであった。Eさんの参加

前の意欲あるいは期待は，アンケートでは両方とも「どちらともいえない」であり，高くはない。しかし，参加前の感想文では，「うじうじ言っても仕方ない」，「何かわからないけれども，発言するものがあるのではないかと期待します」と述べ，ある種の開きなおりともとれる覚悟のようなものが感じられる。

このEさんの「みんなをのせよう」とする行動は，1日目の参加意欲の低いメンバーに影響を与えた。グループ体験の1日目は，Eさんが述べているようにメンバーはどちらかというと「のり」がよくない。このようなときに，Eさんのように活発なメンバーがいるとグループは活性化する。

というのも，このグループ事例のように，日常において寮生活というかたちで行動をともにしている参加者の場合には，メンバー自身がどのようなことがグループを活発にするかを知っているからである。

そのため既知集団のグループ体験では，ゲームやアクションなどのかたちで，メンバー自身によって自発的活動が展開される（野島，1996；安部，1998；中田，1999）。

したがって，ファシリテーターはメンバーのそのような自発的活動に，単に尊重するだけでなく積極的に参加することが求められる（安部，1997；本山，2002）。メンバーにとって，みんなで自分たちの場を創る体験は日常生活にはない経験であり，ファシリテーターにとってはそのような自発的活動に参加することは，グループに加入する機会ともなるからである。

（2） 自発的活動が参加意欲の低いメンバーに与える影響

Mさんは参加前の感想文では「グループへの参加動機は特にない。学校のカリキュラムに入っているから」と述べ，参加しても最初は「何が話されようと見向きもしなかった」。「しかし，1日目の午後から，何となく素直になれ，2日目，3日目はとても楽しく過ごした。この3日間で得るものはあった」と肯定的にグループ体験を振り返っている。

また，フォローアップにおいても「エンカウンター・グループ経験後に

私たち同じグループの何人かでエンカウンター・グループらしきものをしていこうと，これまで2回ほど"言いたい放題会"を開きました。このときは自分の思っていることを何でも口に出して聞いてもらうような雰囲気です。なかなか気分がすっきりします。エンカウンター・グループ終了後は楽しかったという声ばかり聞きます。私もそうです。これから第3回を催したいと思います」と述べ，意欲的に活躍している。

ところで，このようにMさんに「素直になれる」態度の変化をもたらした1日目（第1セッションから第4セッションまで）をみてみると，第4セッションはEさんら「メンバーの発案によるゲームおよび話題提供」が行われたセッションである。Eさんは第4セッションを「ゲームを行って雰囲気はよくなったと思う。時間があったので，ヒーローの話を出して，もう一つ進めたかったが駄目だった。同じゲームだけで終わってしまったのは残念だったがおもしろかった。ゲームにバリエーションをもたせればよかったと思う」と振り返っているが，Mさんに強く影響を与えたと思われる。

この後，Mさんは2日目に入り，「少しは自分の意見（発言）が出ている」から「自分の意見を思った通りに出せる」自分へと，変わっていく。

以上のように，Eさんの「みんなをのせよう」とする自発的活動が，Mさんの「自分を出せる」行動を引き出したといえる。

(3)「自分を出す」体験とグループ体験の持続性

Mさんの場合には，Eさんに「のせられて」，「自分を出す」ことが出来た。そして，そのことはグループ体験が終わったあとの日常生活においても良い影響を与えている。しかしながら，そうではないメンバーもいる。たとえば，Fさんである。「自分を出す」というかたちの自発的活動が，グループ体験の持続性にどのように関わっているかを検討してみよう。

Fさんは，参加前に「何か一つでもよいから得るものをみつけたい」と期待をもち，グループに参加して「楽しかった」という肯定的な体験をし

ている。しかしながら，3ヵ月後のフォローアップでは「グループ体験は忘れてしまっている」と述べ，エンカウンター・グループの日常生活への影響は否定している。

　Fさんのセッションの中の様子をみると，セッションへの魅力度はある程度高いものの，セッションのなかでの過ごし方は受身的である。「他人を知る機会」あるいは「楽しい体験」はしているものの，Eさんのようにみんなをのせようとして「自分で動く」体験，あるいはMさんのように「自分を出す」体験はみられない。ここに，「エンカウンター・グループ体験」の影響を考える際の，重要な一面があるように思われる。すなわち，グループ体験の場においては何らかのかたちで「自分を出す」体験が，グループ体験への関わりを強くしているということである。単に他人を知るだけでなく，「自分を出す」ことによって自分を知ってもらう体験こそが，グループ体験の持続性を強めていると言える。

　では，なぜFさんの場合，「自分を出す」体験とならなかったのであろうか。

　Fさんの体験のもう一つの特徴として，Fさんは「グループに解け込み」（S5），「自然にまわりの雰囲気に解け込んでいる」（S6）と表現しているように，「グループ」あるいは「まわり」といったものへの「解け込み」が挙げられる。Fさんは「みんな」あるいは「まわり」に「解け込んだ」結果，自分の在り場所を失ったのではないか。

　このことは，グループ体験が持続しない場合だけでなくグループ体験が肯定的に終わったものの，その後グループ体験の意味が摑めない場合にも指摘することができる。すなわち，グループ体験の意味を摑むための自分そのものが不在なのである。グループ体験は自分が体験したというよりも，「みんな」（グループ）が体験したことになっているわけである。

第2節　仲間関係のためのファシリテーション

　仲間関係のためのファシリテーションとしては，表3，図7に示すように，ファシリテーター加入，ファシリテーター共存，メンバー加入，メンバー共存の四つのそれぞれのプロセスに対応して，ファシリテーターの働きかけが，以下のように，指摘されている。

　ファシリテーター加入のプロセスでは「自己開示とつなぎ，共通項の形成」，ファシリテーター共存のプロセスでは「主体性の発揮，個別性の尊重」，メンバー加入のプロセスでは「受け止めとつなぎ，個人とグループの両方への働きかけ」，メンバー共存のプロセスでは「肯定的側面の強調，メンバーの援助力の活用」である。

1．ファシリテーター加入のためのファシリテーション

　既知集団を対象としたエンカウンター・グループの場合には，これまで繰り返し述べてきたように，ファシリテーターがメンバー全体で形成されている仲間関係（みんな意識）の中に加入することが出来るかどうかが最優先の課題である。そのためには，ファシリテーターは図2に示すように，「自己開示」とそれを「つなぐ」働きかけによって，グループ（メンバー全体）との間に「共通項を形成」し，加入を試みる。

（1）　日常の人間関係と今・ここでのグループ体験を「つなぐ」

　既知集団の場合に，ファシリテーターは，日常の仲間関係がグループ体験の中に持ち込まれるのを阻止しようとするのではなく，むしろ持ち込まれた日常の体験をどのように「今・ここで」の体験と「つなぐ」ことが出来るかが，グループ・リーダーとして求められる。通常の未知集団のグループ体験では，日常とは違った切り離された非現実の場として，エンカウンター・グループ体験は設定されることが多い。しかしながら，既知集団の

場合には日常と「切り離す」のではなく，ファシリテーターの働きかけとしては，グループ体験の中での「今・ここでの体験」を，持ち込まれた日常の体験に「つなぐ」ことが大切である（安部，2002 b）。

メンバーは日常の学生生活で多くのことを語り合っているかといえば「顔は知っているが，あまり話したことがない」というのが実態のようである。あるいは話すメンバー同士が固定しており，話す人とはよく話すが，話さない人とは全くと言っていいほどに話したことがないというのが現状ではなかろうか。したがって，既知集団エンカウンター・グループの成果として，「日頃，顔はあわせているものの，ゆっくり話したことがない人と話すことが出来た」ことを挙げるメンバーは多い。

そのため，スモール・グループのメンバーを決める際には，日常生活で接することの少ない者同士で構成することを原則としている。ただし，既知集団エンカウンター・グループの場合には，接してはいるのだが，あまり話したことのない者同士で構成するのが要点である。すなわち，日常生活で話すためのきっかけを失っている場合が多いからである。

ところで，このファシリテーターとグループの間に共通項を見つけ，「つなごう」と試みる際に，ファシリテーターが性急にメンバー化することは，既知集団エンカウンター・グループの場合，グループ（メンバー）に不安を引き起こしやすいことを，ファシリテーターは留意しておく必要がある。

既知集団エンカウンター・グループの場合，ファシリテーターがメンバーのひとりになるということは，グループのファシリテーターへの依存を「切る」ことにもなり，グループとファシリテーターを遠ざけてしまうことにもなりかねないからである。

したがって，ファシリテーターがメンバーのひとりになろうと試みる場合には，ファシリテーターの加入がうまくいき，共存プロセスに入ってから，「違い」をもったメンバーとして主体性を発揮するときが，タイミングとしては最も無理がない。というのも，この共存プロセスは，次に述べ

るように「個別性（差異性）」の尊重が課題となっているだけに，グループはファシリテーターとの間に適切な距離を取ることが出来るからである。

(2) 共通項の形成とみんな意識への働きかけ

ファシリテーター受容プロセスにおいて，グループに対するファシリテーターの共通項（同じ）の形成と個別性（違い）への働きかけは，「同じ」と「違い」という一見，矛盾する働きかけのように思われる。

しかしながら，ファシリテーターの働きかけが，あくまでも「自己開示」を通してである点が大切である。岩村 (1981) が指摘するように，ファシリテーターの自己開示はメンバーの自己開示を促進し，グループはメンバーの自己開示を通して，お互いの「違い」に気づくからである。

したがってグループの「みんな意識」は，ファシリテーターの働きかけによって「崩壊」させられるという感じよりも，メンバーの自己開示によって自ら「溶解」していく感じに近い。もしこの場合に，ファシリテーターによってみんな意識が「崩壊させられた」というかたちで，メンバーに受け止められる場合には，グループに「侵入」される不安を引き起こし，ファシリテーターの受けいれを困難にすると思われる。そうでなくても既知集団エンカウンター・グループの場合には，メンバーは恐れや不安などの否定的な感情を持ってグループ体験に参加することが多いからである。

ファシリテーターにはグループに侵入される不安を引き起こすことなく，安全感をもってグループがファシリテーターを受容するための工夫が求められる。事例の記述として，グループがファシリテーターの受容に成功している場合に，「解け込む」とか，「なじんでいる」といった表現がメンバーによって用いられるのは，この安全感が達成されていることを意味しているのではないかと考えられる。

したがって，ファシリテーターはメンバーから出された話題に積極的に耳を傾けることが何よりも大事であろう。それこそ Rogers が提示した共感的理解，自己一致，無条件の肯定的関心といった態度をもって丁寧に受

け止めていくことが求められる。茂田・村山 (1978) は，成功グループと失敗グループでは，メンバーのファシリテーター認知において，成功群で「共感的理解と自己一致」を高く認知していることを示している。

　ファシリテーターは，メンバーの話がグループのなかの「今・ここ」での話題ではないからという理由で拒否するのではなく，たとえ日常の話題であっても，「つなぐ」ことは出来ないだろうかと思いを巡らしながら，グループの話題に積極的に参加を試みる。この場合に，ファシリテーターとメンバーとの間のやりとりのプロセスが大事である。

　ファシリテーターだけが自己開示するのではないし，メンバーだけが自己開示するのでもない。あくまでもそれぞれの自己開示に耳を傾けながら，お互いのやりとりが深くなっていくプロセスが重要である。単に自己開示すればいいというのではない。針塚 (1980, 1981, 1982) は自らのファシリテーター体験を振り返るなかで，「率直で自分の感じたままの自分を表現しようとすれば，グループの他のメンバーに対しては心理的な安全感を阻害することになる場合があることを体験した」ことを報告している。事例の中で述べたように，その自己開示を「つなぐ」試みが，お互いのプロセスを深めることに留意する必要がある。

　ところで，既知集団エンカウンター・グループの場合の特徴は，単に言葉のやりとりによる会話だけでなく，遊びやゲームなどを「一緒に」行動することによって，試される点である。この点では，子どもがおとなを試す方法と似ている。子どもは，言葉よりも，一緒に行動してみるとその人がわかることを知っており，直感的に信頼できる人かどうかを「一緒に」行動することによって判断する。

　このように「一緒に」行動するなかでは，畠瀬 (1977) が述べるように，ファシリテーターは権威のなかに隠れることは困難であり，グループから自己一致あるいは共感的理解といった態度を試されることになる。

2. ファシリテーター共存のためのファシリテーション

ファシリテーター共存のためのファシリテーションとしては，図3および表3，図7に示したように，「主体性の発揮，個別性の尊重」が挙げられる。

(1) 「違い」を持ったメンバーとしてのファシリテーター

仲間としての試しに合格したファシリテーターは，ファシリテーター共存プロセスにおいては，「違い」を持ったメンバーとしてグループに迎えられることになる。メンバーと「同じ」だけでは，事例2において示したようにファシリテーターはグループのなかに埋没してしまい，次の段階に進むことが難しくなる。Verhest (1995) は次のように述べている。

「グループ・ファシリテーターとして適切なのは，自分を犠牲にしてまでもグループ・プロセスを促進するのではなく，むしろ自分自身の混乱を乗り越えることなのです。」

したがって，ファシリテーターはグループに働きかけ（問いかけ），主体性を発揮してグループ（メンバー間）の差異性を取り上げることになる。そのことによってメンバーはグループの仲間関係（みんな意識）に馴れ合うことから脱却して，新しい仲間関係を獲得することが可能となる。しかしながらグループのなかにあってはファシリテーターがグループに問いかけることは，メンバーの一員となっているだけに困難を極める。

既知集団において「違い」は否定されるのではなく，むしろ肯定されるべきものとしてグループに認められうるかどうかが，グループ発展の重要な課題になる。既知集団の場合は，日常と同様にグループ体験においても，「同じ」が好ましいという同調性（斉一性）への圧力が働きやすく，共通性の発見は容易であるが，「差異性」を認め合うことは難しい。そんなこと

もあって，日本でのエンカウンター・グループ体験では，たとえば，日常で顔見知りのメンバーは，分かれて別々のスモール・グループのメンバーとなるなど，メンバーを構成するときに，できるだけ「違い」を強調する工夫がなされる。

既知集団エンカウンター・グループでは，ファシリテーターは「違い」を持ったメンバーとなるために，次に述べるように，自己の内面においてファシリテーターとしての二重性の意識化が求められる。

（2） ファシリテーターとしての二重性 —— 二つの自己の意識化 ——

すなわち，ファシリテーター加入プロセスにおいては，ファシリテーターはメンバーと共通性を求め，メンバーのひとりになろうとするが，このことはファシリテーターにとっては，自分を失いかねない危機をもたらすことになる（安部，2003b）。したがって，ファシリテーターは，事例3に示したように，メンバーとの「違い」を意識化することによって，この危機を脱することになる。すなわち，ファシリテーターはメンバーであるとともにファシリテーターでもある自己を意識化することによって，ファシリテーターとしての主体性（個別性）を獲得する。

ファシリテーター個人は，グループ全体の中に巻き込まれないために，逆説的であるが，メンバーであると同時に「ファシリテーターとして」の自己を意識化することが求められる。すなわち，「メンバーであるとともに，ファシリテーターでもある」という二重性の意識化である。

その際，意識化の特徴としては「ひとりのメンバーではあるが，メンバーだけではなくファシリテーターでもある」という点である。ファシリテーターにとっては，メンバーとの「違い」を意識しながらも，メンバーである自分とファシリテーターである自分を「つなぐ」試みであると言うことが出来るであろう。

ただこの場合に，今・ここで自分が体験していることは何なのかと自分の内面に問いかける作業でもあるために，メンバーからはファシリテーター

が見えにくい。したがって，ファシリテーターとしては，佐治 (1983) が「自己の主観知としての内的過程の掘り下げ」と表現するように，出来うる限り自己の体験を言語化し，グループに伝える工夫が求められる。

既知集団エンカウンター・グループにあっては「違い（差異性）」をどのようにファシリテーターが取り上げうるかが，グループの仲間関係を促進できるかどうかの分岐点になる。そして，ファシリテーターにとって，そのための最初の取り組みが，ファシリテーター自身の内面での，メンバーとの「違い」を意識し明らかにする作業になるものと思われる。

ファシリテーターは，メンバー個人の自己開示をグループ全体に「つなぐ」とともに，ファシリテーター内では，自己の体験を「きる（切り離す）」とともに「つなぐ」という二つの働きを同時に行うことになる。

3．メンバー加入のためのファシリテーション

メンバー加入プロセスにおいては，日常の仲間関係において孤立したり対立したりして受けいれられていないメンバーからグループへの問いかけが行われる。ファシリテーターの働きかけとしては，図4にみるように，このメンバーの問いかけを「受け止め」，他のメンバーに「つなぐ」ことが求められる。その際に，ファシリテーターはメンバー個人に対してだけでなく，グループにも働きかけるというのが，メンバー加入のためのファシリテーションの要点である（図4および表3，図7を参照のこと）。

では，このメンバー加入のためにファシリテーターが「個人とグループの両方に働きかけること」について，図4を用いて検討してみよう。

（1）ファシリテーターはいったんグループの仲間関係から出る

ファシリテーターはメンバーの加入を促進するために，メンバー個人とグループ全体の両方に働きかけるが，このときファシリテーターは図4にみるように，グループによる受容を通して形成された仲間関係（みんな意識）から，いったん出る（離れる）ことが求められる。

グループ全体（みんな意識）のなかに居ながらメンバー個人に働きかけようとすることは，働きかけられるメンバー個人からみると，ファシリテーターは自分の味方なのかどうかわかりにくい。ファシリテーターは，メンバー個人と対立するグループ全体の一員にみえてしまう。したがって，ファシリテーターは，まずはグループのみんなの考えを代弁することは避け，メンバー個人の意見を優先してグループに伝えようとする姿勢を保持することになる。

　図4だけからみると，ファシリテーターはグループの仲間関係から離れており，グループとの関係が断たれているようにみえる。しかしながら実際は，それ以前のファシリテーター受容プロセスにおいて，ファシリテーターとグループの間には，いったん離れたとしても差し支えのないだけの十分な関係が出来上がっている。また，このことは逆に，ファシリテーター受容プロセスにおいてファシリテーターとグループとの間に，十分な関係が出来上がっていない場合には，メンバー受容プロセスにおいてファシリテーターがメンバー個人とグループ全体との間に入って働きかけることは難しいことを示唆している。

　ところで，上に述べたファシリテーターによるグループ全体よりもメンバー個人を優先した働きかけであるが，実際のグループ場面では，「私にはメンバーのAさんの言っていることがわかります」といったファシリテーターによるメンバー個人（Aさん）に味方する発言となって現れる。グループに対してファシリテーターはAさんの味方であることを宣言するわけである。もちろん，だからといってファシリテーターとグループが敵対するわけではなく，次にファシリテーターは「グループのみんなは，Aさん（の発言）をどう思うか」とグループに対しても働きかけていくことになる。

　なお，ファシリテーターの位置としては，加入を促進するメンバー個人が日常の仲間関係において孤立しているような場合には，メンバーの「横」に一緒に居る感じに近い。また，メンバー個人がグループと日常生活で対

立しているような場合には，メンバー個人とグループとの，まさに「間（あいだ）」に入り，お互いの言い分を仲介することになる。

このメンバーの加入を促進するために，「受け止め，つなぐ」ファシリテーターは，どちらかといえば行動するファシリテーターであり，メンバーから頼られるファシリテーターといってもよい。ファシリテーターとしてのリーダーシップが最も期待されており，グループの動きを観察するよりも，積極的にメンバーあるいはグループに関わっていくことが期待される。

（2） ファシリテーターは少数（派）の味方になる

ファシリテーターが個人とグループの両方に働きかけていくときに，両方とも同じ比重でということではなく，ファシリテーターの比重はどちらかといえば個人のほうにある。ファシリテーターは，少数派と多数派のどちらの味方になるかといった場合，原則的にはファシリテーターは少数派の味方になる。なぜかといえば，グループの力動として，それくらいでバランス（均衡）がとれるからである。

たとえば，事例1のスケープ・ゴート事例においても，グループの分裂を避けるためには，ファシリテーターに少数派のメンバーに味方するという働きかけが求められたであろう。グループの分裂が決定的となった室内プールでの水泳の場面（第3セッション）のグループ構造（多数派対少数派）に焦点を当てて検討してみよう。

ファシリテーターは3人のメンバーからだけでなく，多数派のメンバーからも受けいれられず，結局，グループからスケープ・ゴート（仲間外れ）になった。グループは，ファシリテーターの度重なる要請にもかかわらず，ファシリテーターを外して，メンバーだけで決めてしまう。このような状況のなかで，ファシリテーターが無理な言語化への直面（第5セッション，沈黙の苦痛）をメンバーに要求すればするほど，グループから外れる悪循環になってしまった。

この場面で，ファシリテーターは泳がない3人のメンバーに対して，ど

うしたいのか意向を確認するなどはしたものの，結果としてファシリテーターは3人以外の多数のメンバーと共に泳ぎ，楽しんだ。しかしながら，このグループの分裂場面では，ファシリテーターには，あえて少数派に与する行動が求められたのではないか。Zuk（1969）はスケープ・ゴートに遭っているものに，あえて味方するside-taker行動の必要性を指摘している。すなわち，グループ構造において負荷のかかりやすい側（弱い側）にファシリテーターが加担してこそ，グループのバランス（均衡）がとれ，スケープ・ゴートの発生を防ぐことが出来る。

また，メンバーに対しても，ファシリテーターが少数の側（弱い側）につく姿勢を明確に示すことで，メンバーのなかにあるであろう，もし自分がスケープ・ゴートに遭ったときにファシリテーターは助けてくれるのかという不安に対して，ファシリテーターとして肯定の意志表示が出来たのではないかと考えられる。そして，なによりも3人と一緒の側にいれば，泳げない3人の残念さが実感できたにちがいない。

少数派と多数派のどちらに与するかといった場面で，ファシリテーターが多数派についてしまえば，多数派は少数派を圧倒する勢いをもつことになり，スケープ・ゴートをつくり出すことになりかねないのである。

4．メンバー共存のためのファシリテーション

メンバー共存のためのファシリテーション技法としては，図5および表3，図7のように，「肯定的側面の強調，メンバーの援助力の活用」が挙げられる。

（1） Rogersのpresenceの概念と「共存」のためのファシリテーション

メンバーは共存プロセスに入り，自己を深くみつめようとするときに，自己の否定的側面に敏感になる傾向がある。したがって，ファシリテーターは肯定的側面の代表としてグループの中に居ることになる。このようなファシリテーターのグループのなかでの「あなたの肯定的側面を見ていますよ」

という在り方 (a way of being) は，Rogers (1987) の presence の概念とどのように関連するのであろうか。

　Rogers は後年，関係 (relation) という視点に加えて，「存在 (presence)」あるいは「直観 (intuition)」といった内的体験をも重視した考え方に変化したといわれる。長くなるが Rogers (1986) の言葉を引用してみよう。

　「グループのファシリテーターであろうとセラピストであろうと，私が最もよく機能しているとき，私はもう一つの特徴を備えていることを発見するのである。わたし自身の内面の自己，直観的な自己に私が最も接近しているとき，あるいは自分の内面の未知の領域に何かしら接触しているとき，あるいはまた，それはおそらくその関係のなかで軽い意識変容状態にあるということであろうが，そういう状態のときには私が何をしようと，それがそのままで十分に治癒的になっているように思われる。そんなときには，私がそこに『存在している (presence)』というだけで，クライエントにとって解放的であり，援助的になっているのである。」

　しかしながら，Rogers の「肯定的な存在」として人間をみる態度自体は不変であり，Rogers の人間そのものに対する信頼感がより深くなった結果として考えるほうがよいように思われる。「自分が」と意識しなくても，自己あるいは他者は十分に責任を果たすことが出来るという自己あるいは他者への信頼感が，Rogers の presence 論を創り出しているというべきではなかろうか。

　この点，まさに Rogers が好んだといわれる老子のリーダー論，すなわち「良いリーダーとは，ひとが彼の存在をかろうじて知っているときである」と共通するところがある (Bynner, 1962)。

　保坂 (1983) は，ファシリテーターはメンバーにとって安定基地であることを指摘しているが，実際にメンバー共存プロセスになると，メンバー同士で支えあう場面が圧倒的に多くなり，ファシリテーターの出番自体は

限られている。「肯定的側面の強調」というと，常にファシリテーターがそのような働きかけをする印象を与えがちである。しかしながら，そうではなくメンバー同士がメンバーの肯定的側面を無理のないかたちで取り上げ，メンバーが受けいれやすい形にしてフィードバックするというのが，このメンバー共存プロセスの特徴である。あくまでもメンバー（グループ）が主体であり，ファシリテーターにとってグループが成功していると実感するのは，そのようなメンバーが主人公としてグループが動いているときである。

したがって，ファシリテーターとしては，グループのなかにメンバーと共に，どちらかといえば「ひとりのメンバーとして」居ることができているときに居心地（a way of presence）の良さを感じることになる。

（2） フィードバックを引き受けることとグループ体験への動機づけ

既知集団エンカウンター・グループの場合には，フィードバックを自分のこととして引き受けることができるかどうかが，メンバーのグループ体験への動機づけと関係する。

未知集団エンカウンター・グループでは，メンバーは自分なりの参加動機をもって，自発的にグループ体験に参加する。ところが，既知集団の場合にはグループ体験への参加が原則としては自由であっても，自分だけが参加しないことは，仲間外れになる可能性があり困難である。あの人が参加するなら私も，といった同調したかたちで「仲間意識の確認のために」（末広，1981）参加しやすい。したがって，メンバーの参加動機はさまざまである。

エンカウンター・グループ体験はメンバーの心理的成長を目的とするだけに，なんらかの関心を持っているほどグループ体験から得るものも多い。とくに「自分の殻を破りたい」あるいは「みんなの中で話せるようになりたい」など，メンバー自身の課題がはっきりしている場合に，そのことが著しい。メンバー自身が課題をもって参加している場合には，グループの

中で他のメンバーからのフィードバックを受け止めることができるからである。

あるメンバーのグループ後の感想をみてみよう（安部・村山・野島，1977）。

「知らない人とも話せるようになりたいという望みをもってグループに臨んだ。そこで無理にではなく，自分のできる範囲内で，自分なりに話せていたのだが，夕方のセッションで「冷たい」と言われたことが気になり感情的になっていた。しかし，それを自分なりに前向きの姿勢で整理し，克服できたことが，私にとっては少しは成長できたなあという満足感を与えてくれた。

あのまま感情的になり，自己嫌悪に陥って，感情の整理がつかないままに終わっていたら，エンカウンター・グループは私にとっては，ひどく嫌なものになってしまっていただろう。が，前よりも自分は成長できたと思えるし，また日頃，顔だけ知っていて，あまり話したことのなかった人たちといろいろ話せて，人によってさまざまな考え方や感じ方があることがわかったし，また自分自身の性格や，人をみるときの見方，ものの考え方というものを，自分で勝手に決めつけた偏見でみてはならない，偏見を捨てなければならないと思った。」

以上の感想には，他のメンバーからの「冷たい」と言われたフィードバックを，自分のこととして「前向き」に受け止めようとする姿勢がみられる。グループ体験では，メンバー自身に受け止めようとする姿勢がない場合には，他人によって自分の問題を無理につきつけられることになりかねない。結果として，グループ体験への嫌悪感や心理的損傷を生み出し，グループの発展にとっても，非促進的要因となる（野島，1983 b，1983 c，2000）。

（3） フィードバックを受け止めることの困難さ

グループによるメンバー受容プロセスに入ると，メンバーは相互にフィー

ドバックを行うことになるが,必ずしもフィードバックを受け止めるのが得意なメンバーばかりではない。

たとえば,事例7のNさんのようにフィードバックに対して過敏になっている場合もあれば,対照的にフィードバックに対して,どのように対処するとよいのかわからないメンバーにグループ体験のなかで出会うことがある。いわゆるフィードバックが「入らない（通じない）」メンバーという表現が使われる場合である。この場合には,Nさんのように,フィードバックを受けるほうではなくフィードバックする側が,そのやりとりのすれ違いに疲労してしまうことになる。

以下に,事例7のなかのひとりのメンバーであるJさんに焦点を当てて述べ,「フィードバックを受け止めることの難しさ」,及びファシリテーターの対応について考えてみたい。

グループはメンバー受容プロセスに入り,お互いの自己開示に対してフィードバックが進められ,Jさんにも他のメンバーからのフィードバックが行われる。ところがJさんは,「フィードバックが入らないために」受け止めることが困難であり,仲間とのやりとりの実感がもてない。以下は,メンバー共存プロセスに入ったところからのJさんをめぐる記述である。

S10, 11：メンバー受容プロセスに入り,一人ひとりの発言を受け止めようとする雰囲気が強まるなかで,メンバーは自分に関心を向け始める。Jさんは自分について言ってほしいとグループに伝え,グループもJさんにフィードバックを行う。

しかしながら,グループがJさんに伝えたいことは,Jさんには伝わらない。Jさんには,グループからのフィードバックに対して,そうだ,いや,ちがうといった反応が乏しい。フィードバックしたメンバーとしては,本当に受け止められたのかどうか不安になってしまい,Jさんに対するフィードバックは中途半端なままに終わってしまう傾向があった。Jさんにはそ

のことがわかってはいないようであった。

　ファシリテーターはそのようなJさんが気になったが，このセッションではメンバーの動きにまかせた。

　S 12，13：Jさんは相変わらずフィードバックをもらうのが下手だという印象であり，フィードバックするメンバーの方が疲れを感じているが，そのことにJさんは気づいていない。Jさんも，そのおかしさを感じてはいるのだろうが，どのようにおかしいのかがわからないといった様子である。その結果，Jさんの態度は「言ってはほしいけど，言ってもらわなくてもいい」といった投げやりな感じをグループに与え，メンバーに言う気をなくさせた。

　そのためファシリテーターは，「Jさんとしては，どんなところを言ってほしいのかな。Jさんがみんなにわかってほしいと思っているのはどんなことなのかな」とJさんの言ってほしいことを明確にしようと働きかけた。

　また一方で，「みんなはJさんがどのように受け止めたかを知りたいみたいだから，短い言葉でいいから，ひとことJさんの気持ちを言ってみると，みんなにわかってもらいやすいのでは」と，Jさんに自分の気持ちを短い言葉で言ってみるように促した。

　ファシリテーターの働きかけにより，Jさんとグループ（メンバー）の間には，短い言葉ではあるが，なんとかやりとりが生まれた。しかしながら，メンバーが納得するほどのものではなかった。それでもJさんにとってはこれまでとは異なった体験であり，やりとりは苦心した体験のようにファシリテーターには思われた。

　そこで，ファシリテーターは「みんなにとっては小さいことかもしれないけれど，Jさんにとっては，少しだけ変わるってのは大きな体験だと思う」とJさんを後押しした。

　しかしながら実際のところは，ファシリテーターにとってもJさんはわかりにくく，どの程度，ファシリテーターの言っていることが通じている

か確信がもてない一面があった。

　ファシリテーターが，Jさんと本当に通じあえた感じをもてたのは最終セッションを終わってからであった。最終セッションを終わって，帰り際にメンバーと名残の握手をしていたときに，Jさんが飛んできて「ありがとう」と言ったその時であった。Jさんの「ありがとう」の言葉には実感がこもっており，それでいいんだよとファシリテーターはJさんに言葉を返した。

　その後，3ヵ月後のフォローアップでJさんの様子を知ることが出来た。Jさんは，エンカウンター・グループ体験から「自分はひとりではないんだという自信を得た」とグループ体験を肯定的に受け止めていた。

　このJさんの場合のファシリテーターの働きかけを振り返ってみよう。ファシリテーターは，Jさんに短い言葉での発言を促した。フィードバックしたメンバーにJさんの反応が少しでもわかるように，Jさんに「そう思う」，「いや違う」と自分の気持ちを短い言葉でよいから発言するようにすすめた。ただ，メンバーにとっては満足のいくものではなかったかもしれない。しかしながら，Jさんにとっては短い一言でも大変なことのようにファシリテーターには思えた。したがって，Jさんが発言したときには，Jさんにとっては大変なことだし，大きな変化は小さな変化から始まるのだからと，やや誇張した表現でグループに返し，Jさんの味方になろうとした。ファシリテーターはJさんの小さな変化を取り上げ，グループにフィードバックした。

　通常は，既知集団の場合に，メンバーによるフィードバックは，ファシリテーターには気づくことが難しいメンバーの微妙な変化を，日常を知っている既知集団だからこそ気づきうる利点のほうが多い。しかしながら，このJさんのような場合は，むしろ日常を知っているからこそ難しいのかもしれない。大きな変化でないとメンバーは気づき得ない仲間関係に陥っており，小さな変化を見過ごしてしまいがちなのかもしれない。

したがって外部からの日常を知らないもののほうが、それまでの固定した見方をもたないために、メンバーの小さいと思える変化でも、意味をもつ変化として素直に受け止めることが可能なのかもしれない。

Jさんがファシリテーターにグループ体験が終わってから「ありがとう」と力を込めて言ったなかには、そのような「小さな変化」を大切にしてもらえた気持ちも含まれていたのではないかと思う。

（4） グループ体験の日常への「つなぎ」

既知集団の場合は、グループ体験を日常へつなぐためにグループ体験のまとめを「グループ全体」で行うことに意味がある。すなわち、エンカウンター・グループ体験が肯定的なものであった場合には、仲間への信頼感が高まるが、否定的な体験となった場合には、感情的なしこりが日常へ持ち込まれ、仲間関係に影響を残すことになる。したがって、ファシリテーターは、エンカウンター・グループ体験を通して形成された「新しい」仲間関係（みんな意識）のまとめをグループ全体で行う。宮崎（1983）は、グループの終結段階での「まとめセッションの実施」の必要性を強調しているが、どんな体験だったのかということを「みんな（グループ全体）」で共有し、確認する。

また、既知集団のグループ体験の場合には、通常の見知らぬメンバーが集まったエンカウンター・グループとは異なり、メンバーは同じ日常へグループ全体として戻り、日常の中でグループ体験を共有することになる。したがってファシリテーターは、通常、「おみやげ作り」（宮崎、1983）や「ことばの花束」（野島、2000）などの肯定的なフィードバックを試み、日常への橋渡しを行う。

ところで、グループ体験の終結にあたっては、メンバーは他のメンバーからだけでなく、ファシリテーターからフィードバックを求める傾向が強い。このことは、メンバーにとっては、ファシリテーターからの「フィードバック（言葉）」は、日常への「おみやげ」として、グループ体験と日

常をつなぐ役割を果たしていると理解できるかもしれない。

第9章　既知集団エンカウンター・グループの ファシリテーション（その2）
——その他のファシリテーション技法——

第1節　ファシリテーターの「つなぐ」働きかけ

　本論では，ファシリテーターのグループへの働きかけの一つとして，「つなぐ」働きかけを取り上げてきた。すなわち，ファシリテーターは，ファシリテーターとグループ，メンバーとメンバーを自己開示によって「つなぐ」ことを試みた。また日常の人間関係とグループでの仲間関係を「今・ここでの」気持ち（体験）を開示する（問いかける）ことによって「つなごう」とした。

　結局のところ，そのようなファシリテーターの「つなぐ」働きかけによって，メンバーは今・ここでのグループ体験における「自己」に関心を向け，また「自己と仲間」との関係を発展させる。

　ところで，既知集団エンカウンター・グループの場合には，このようなファシリテーターのつなぐ働きかけは，これまで取り上げた以外にも，「セッションとセッション」，「前回のグループ体験と今回のグループ体験」，「ファシリテーターと教師」といったいくつかの観点が残されているので簡単にふれておきたい。

1．「セッション」と「セッション」をつなぐ

　セッションが終わった後に，セッションアンケートを書いてもらうが，最近では，このセッションアンケートを活用することが多くなってきてい

る。セッションの後に目を通して、メンバーの自己理解や相互理解に役に立ちそうな場合には、すぐに次のセッションでフィードバックすることによって「つなぐ」のである。とくにメンバーのなかの少数派と思われるメンバーからの不平や不満あるいは提案などは取り上げるほうがうまくいく。

　筆者は、これまで、どちらかといえばメンバーが書いたセッションアンケートは読まないようにしてきた。できるだけセッションのなかでの今・ここでの感覚を大切にしたいと思ったからである。しかしながら、せっかくメンバーに書いてもらっておきながら、それを活かさない手もないのではないかと考え始めた。というのもメンバーによっては、ファシリテーターがセッション後に読んでくれることを期待して貴重なメッセージを書いている場合があるからである。また実際、ファシリテーターとして「今・ここでの感覚」だけを手がかりにグループを促進しようとすることは、とくに単独でファシリテーターを務める場合には限界がある。

　筆者も実際にセッションアンケートを、フィードバックとして活用してみて、グループ・プロセスを促進するための有効な手立てを一つ手に入れた感触をもっている。とくにグループの導入期において、メンバーが否定的感情に捉われそうになったときなどに、そうではないメンバーもいることを示し、メンバーの態度を柔軟にするのにセッションアンケートは役に立った経験をもっている（安部，2002 b）。

　以上のように、セッションアンケートは「セッション」と「セッション」をつなぐために、フィードバックとしてのさまざまな活用の可能性をもっており、その使い方についてはなお今後の検討課題であると思われる。

2．「前回のグループ体験」と「今回のグループ体験」をつなぐ

　既知集団エンカウンター・グループは同じ学校で継続して行われる場合が多い。したがって、前回のグループ体験の様子が今回のグループ体験に参加する後輩に伝えられることになる。肯定的な体験として伝えられるのであればよいのであるが、事例7のように、どちらかといえば否定的な怖

い体験として誇張されて伝えられやすい。それだけ，エンカウンター・グループを体験したものが，エンカウンター・グループとはどんな体験だったかを，体験していないものに伝えるのは難しいといえよう。とくに自分でもまだ十分に体験を消化し切れていない場合には，「どんな体験だったか」との質問に答えることは難しい。

したがって，グループ体験のなかで，ファシリテーターが前回のグループ体験の様子を，語れる範囲でメンバーに知らせることは，グループの安全感の形成に役に立つと思われる。ファシリテーターが前回の先輩たちの体験を紹介することによって，不必要な恐れや不安を防ぐことが出来，むしろ先輩たちの経験に励まされ，グループ体験に意欲づけられることになる。

実際に，先輩たちの体験を紹介したとしても，メンバーが影響を受けて，先輩たちと同様のグループを展開させることはない。後輩たちは後輩たちで，自分たちに合ったようにグループ体験を工夫する。先輩たちのグループ体験は，単に参考であり，上にも述べたように，心理的な安全感を形成する意味合いのほうが大きい。既知集団エンカウンター・グループの場合には，グループ体験を始めるにあたって，安全感の形成が大切であることを，これまでにも指摘してきたが，「前回のグループ体験」と「今回のグループ体験」をつなぐ試みは，そのことを可能にするのである。

3．「ファシリテーター」と「教員」をつなぐ

既知集団エンカウンター・グループが学校現場の主催によって行われる場合には，エンカウンター・グループが実施される会場に，日常においてメンバーと接している教員も学校側から同行している場合が多い。したがってファシリテーターは，これらの教員との連携（つなぎ）を考えてもよいのではないだろうか。

最近の試みとして，エンカウンター・グループの場で教員もスタッフとしてメンバーの支援に関わることが見られ始めている。たとえばグループ

体験のなかで,メンバーが体調を崩したときなどは,教員にメンバーに付き添ってもらうなどの援助なしには,グループ体験は成り立たない。鎌田(2003)は,グループ体験のなかで教員がより積極的な役割を果たした事例を紹介しており,メンバーの日常をよく知っている教員は,ファシリテーターとは異なった視点からメンバーを援助することが可能である。

事例の記述には現れないが,グループ体験の場でのスタッフミーティングには教員も参加している場合がある。筆者もそのようなスタッフミーティングを何度か経験している。メンバーの日常を知っている教員と,メンバーのセッションのなかでの様子を知っているファシリテーターが,スタッフミーティングをもつことは有益であると筆者は考えている。ファシリテーターがメンバーを理解するのに多様な視点を持つことが出来るからである。

これまではどちらかといえば,依頼者である学校側はグループ体験そのものには口を出さず,またファシリテーター側も全面的に任せてくださいということで,依頼者である学校側と実施者であるファシリテーター側は交流が少ないのが通常であった。しかしながら,既知集団エンカウンター・グループの場合には,むしろ学校側とファシリテーター側が積極的に協力関係(つなぎ)を築くことによって,これまでにはない「つなぐ」アプローチを開発することが可能になると思われる。

第2節　仲間関係促進のためのゲームの用い方

1. 仲間関係を促進するゲームの選択

グループ体験の中で用いるゲームの中には,事例2でみたように,仲間意識を高め「自分を出す」予行演習を可能にし,仲間関係を促進するものとそうでないものがある。事例2のグループ・プロセスを振り返り,ゲームの用い方について検討してみよう。事例2のグループ・プロセスは以下

の通りである。

　自己紹介（S1），フルーツ・バスケット（S2），震源地・たたかれました（S3），10の扉（S4），恋愛・結婚（S5），遠足・登山（S6，7），イメージ鬼ごっこ（S8），協同ゲーム（S9），模索〔混迷？〕，山登り，色つき鬼（S10）

　これらのなかで，例えば，フルーツ・バスケット（S2）や「10の扉」（S4）などは，メンバーが競い合い，あるいは協力しあうことによって仲間意識を強めることになる。また自分たちに合ったルールをつくるなどの創意工夫といったものがみられ，メンバーの自発性を高めることにもなる。とくに，「イメージ鬼ごっこ」（S8）などは，身体活動と言葉の中間領域の表現手段であるために，青年期のメンバーに対しては仲間関係を発展させるための有効なゲームといえよう。
　これに対して第6，7セッションでの遠足や登山などは，どちらかというとメンバー間の仲間関係を拡散させ，「みんなで一つのことをやっている」実感が持ちにくく，「好きなもの同士で好きなことをやっている」とメンバーが表現するように，サブ・グループ化し仲間関係を促進することは困難となる。
　したがって，既知集団エンカウンター・グループにおいては，導入期が大切となるので，導入期において仲間関係を促進するためのゲームを選択するべきであろう。拡散性の強いゲーム（散歩や水泳など）よりも，全員で行うことが出来て安全感のあるゲーム（フルーツ・バスケットやレッツ・ゴー）が集団の凝集性を高めるであろう。
　領域は異なるが，Yalom（1975）は，次のように述べ，グループにおける文化形成（culture building）の意義を強調している。

「（グループにおいて）サポート，普遍性，アドバイス，フィードバック，

学習，愛他性などの機能を提供するのは，明らかにグループのメンバーたちであり，変化を引き起こすのはグループそのものである。（略），したがって，グループにおけるセラピストの課題は，メンバーが他のメンバーとの交流を通して治癒的要因を発揮することができるように，グループの文化を最大限に創造することである。」

また，Burlingame, et al. (2002) は集団心理療法の包括的研究において，集団の凝集性の高さがグループ・プロセスの発展（効果）を予測しうる因子であることを指摘している。

なお，展開期においてグループが一休みのときには，凝集性を高めようとするよりも，拡散性の強いゲームを用いてリフレッシュするほうが，既知集団エンカウンター・グループの場合には，有効であるように思われる。

2．「自分」に関連づけたゲームの準備

ところで，事例2において「ファシリテーター共存プロセス」への移行を促進するには，どのような働きかけが可能であったのかについて考えてみたい。

この事例2の場合にはファシリテーターは受けいれられ「仲間になる」ことには，一応，成功したと思われる。しかしながら，ファシリテーターとメンバーの関係を考えるうえで，メンバーはファシリテーターの「疲れ」に気配りを見せているのに対して，ファシリテーターからメンバーの「疲れ」に対する配慮が欠けているように思われる。

事例のなかで述べられた「遊び疲れ」といった現象に対しての対応が不十分であり，この場合，ファシリテーターはゲームの後に振り返りの時間を設定し，体験を言葉に換えないまでも，メンバーが自分の内面の身体感覚（「疲れた」感じ）に注意を向ける時間を設けてもよかったのではないか。あるいはメンバー全体でその疲れた感覚をグループとして共有する工夫が求められたように思われる。

このような遊び疲れを防ぐ意味でも，青年期のグループ体験では独自の工夫として，「自分」に関連づけたゲームをファシリテーターは準備しておくとグループ・プロセスを進めるうえで有効な手だてとなる。あくまでもグループ体験の本来の目的は自己の探求であるからである。
　この事例にみられるように「イメージ鬼ごっこ」などは，実際は「自分」が他の人にどのようにみられているかということを間接的に教えてくれる。このような「間接的」な自分へのフィードバックを通して直接的なフィードバックへとプロセスを進めるのも，研修や授業などで既知集団エンカウンター・グループが実施される場合には，一つの選択肢として考えられるであろう（安部，2000 a）。
　その意味で「ファシリテーター加入プロセス」から「ファシリテーター共存プロセス」に進むうえで，第9セッションにおいては「協同ゲーム」などのいわゆる単に知的ゲームでなく，前の「イメージ鬼ごっこ」（S 8）でメンバーが気づき始めた「自分」あるいは「仲間」の新たな面（差異性）に焦点を当ててプロセスを進める工夫が求められたのではないかと考えられる。

3．グループの心理的エネルギーの見立て

　グループ（メンバー）は心理的エネルギーが高い場合には，メンバーの仲間関係を強めるような競技性（闘争）のゲームを選択し，グループの心理的エネルギーが低い場合には，拡散性（逃避）のアクション（遠足，登山）を選択することになりがちである。
　したがって，グループの心理的エネルギーが，どのような状態なのかによって，グループ（メンバー）によって選択されるゲームやアクションも異なってくる。したがって，ファシリテーターには，グループの心理的エネルギーがどうなのかという観察と評価の観点が求められる。たとえばグループが疲れているとファシリテーターが感じたときには，ファシリテーター経験者のあいだでは「充電」という言葉が使われ，無理にプロセスを

促進しようとはしない。むしろリラックスするなど上手に休み，心理的エネルギーを蓄えるために時間を使うことをグループ（メンバー）に勧めることになる。

　グループ・プロセスの促進の上手なファシリテーターは暗黙のうちにこのことを理解し，「グループの心理的エネルギー」に対する観察と評価のために自分なりの基準と指標を経験的に蓄えていると推察される。

　ファシリテーターがこのような観点を持つことなく，事例2にみるように，ゲームにゲームを重ねてしまうと，いわば「遊び疲れ」となってしまい，グループはさらに心理的エネルギーを失ってしまうことになりかねない。ファシリテーターが，グループの心理的エネルギーが低下していると判断した場合には，グループの目標を「仲間関係の発展」ではなくて，むしろグループそのものの「心理的エネルギーの回復（充電）」として設定する方が促進的であろう。

　なお，グループ（メンバー）のゲームあるいは自発的活動にファシリテーターがつきあうためには，当然のことながら，メンバーだけでなく，ファシリテーターにも十分な心理的エネルギーが必要となる。

　宮崎（1983）は「ファシリテーターはゲームに精通し，自分自身が開けた態度で積極的に楽しんで参加することが大切である」ことを，また本山（2002）は「メンバーの自発性を尊重するあまり，ファシリテーター自身の自発性が損なわれてはならないだろう」と指摘している。

　ファシリテーターが疲れていては，グループに参加し，メンバーと一緒に動くことは難しく，ファシリテーター自身の体調管理は，エンカウンター・グループが集中的に実施されるがために，ないがしろには出来ない。

第3節　ファシリテーターのグループからの「退出プロセス」

1．ストレンジャーとしてのファシリテーター

　ファシリテーターは，エンカウンター・グループが終了すると，グループ（メンバー）とどんなにファミリア（親密）になったとしても，再びストレンジャーとしてグループから出て去っていく（退出する）。
　グループ（メンバー）とファミリア（親密）になったからといって，その場に居つき，その場の人になってしまうことはない。ファシリテーターは，必ず，エンカウンター・グループの場から出ていき，グループ（メンバー）と別れるのが，通常のエンカウンター・グループのファシリテーターである。
　したがって，本論においてはファシリテーター加入プロセスとファシリテーター共存プロセスの二つのプロセスとして述べてきたが，実際にはファシリテーターがグループから出て行く退出プロセスがあることになる。この一連のプロセスを図8は示している。
　なお，エンカウンター・グループでは，別れをスムースにするために，「言葉の花束」や「一人一言」話す機会を設けるなどの工夫がなされているが，ファシリテーターがグループから出ることは，入ることに比較すると難しいことではない。なぜなら，グループのメンバーは全員が同じ日常に全員で帰るからである。ファシリテーターはグループから出るというよりも，グループから置き去りにされる感じに近いかもしれない。メンバーはいっせいに全員で，同じところに帰ってしまうのであり，ファシリテーターは取り残された感じを持たざるを得ないことが多い。したがって，グループの終わりにあたっては，ファシリテーターのほうが先にグループ（メンバー全体）に見送られて帰っていくほうが，別れをスムースにするようである。

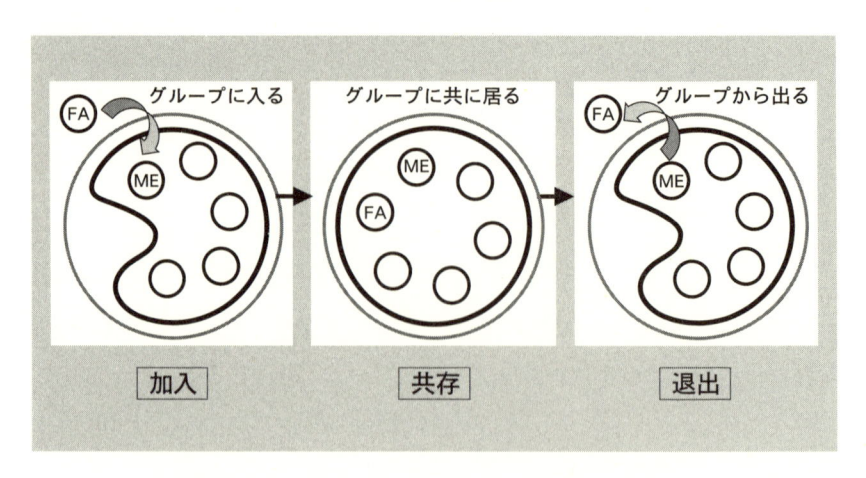

図8 ファシリテーターの加入・共存・退出プロセス

　ところで，ファシリテーターとメンバーとの，別れた後の交流についてであるが，あくまでもプログラムのなかでの交流が原則である。ファシリテーターは，エンカウンター・グループが行われているプログラムのなかであれば，セッションのなかだけに限定するのではなく，セッション外で散歩や食事などの場面でもメンバーと交流を行う。
　ただしプログラムのなかに限定した交流であり，プログラムが終了した後にもファシリテーターとメンバーが交流することは原則としてしない。もちろんメンバー同士がお互いのその後の体験を交流することはあるであろう。しかしながら，ファシリテーターがメンバー同士の交流会に出かけていくことはしないし，その場合にはフォローアップのためのグループ体験やセカンド・グループ体験などの，別の観点からの意味づけが必要となるであろう。
　この点においてエンカウンター・グループは，同じグループ・アプローチでもセッションのなかだけでの交流を原則とするアプローチや，またグループ体験終了後の交流を容認するアプローチとは異なっている。

2．インサイダーとしてのファシリテーター

　本論は，見知らぬアウトサイダーとしてのファシリテーターが，ファミリアなグループのなかに入っていく（受容されていく）プロセスを考察したものである。しかしながら，ファシリテーターの在り方として，すでにファミリアなグループのなかの一員が，ファシリテーターを務めるインサイダーとしてのファシリテーターも考えられる。

　アウトサイダーとしてのファシリテーターの特徴をより明確にするために，筆者のインサイダーとしてのファシリテーター体験を基に検討を試みたい。

　通常は，日常のグループのなかにいるものがファシリテーターを行うことは難しいとされ，避けられがちである。日常の仲間関係に縛られてしまい，これまでに論じてきたような仲間関係の発展は困難であるというのが一般的な見方である。

　しかしながら，インサイダーとしてのファシリテーターには利点もある。筆者がインサイダーとしてのファシリテーターを体験してみての成果は，グループ体験後にメンバーと付き合いやすくなったことである。おそらくは，日常ではコミュニケーションするための十分な機会が持てない部分を，エンカウンター・グループ体験が補ってくれたのではないかと思われる。

　本論に即して考察してみると，指摘された四つの仲間関係のうち，インサイダーとしてのファシリテーターの場合には，最初のストレンジャーを受容する仲間関係を超えて，2番目のファミリアな仲間関係から入っていくことになる。このファミリアな仲間関係のなかの知らない部分を知ることに，インサイダーがファシリテーターを行うエンカウンター・グループ体験は役に立っているように思える。3番目のカウンター（対立）を中心とした仲間関係は，インサイダーがファシリテーターを行うエンカウンター・グループ体験では表面化しにくい印象であり，表面化しても否定的側面というよりも，肯定的な挑戦的な印象が強い。また4番目の支え，支えられ

る仲間関係は，確実に強まる印象を持っている。

　したがってインサイダーとしてのファシリテーターの場合には，2番目のファミリア（既知）を中心とした仲間関係および4番目のサポート（支持）を中心とした仲間関係を促進することになるようである。

　ただし，これはあくまでもアウトサイダーとしてのファシリテーター論に準拠してのことであり，インサイダーとしてのファシリテーターの場合には独自の枠組みが求められるのかもしれない。今後の検討課題と思われる。

第10章　まとめと今後の課題

第1節　ま と め

　本書は，既知集団を対象としたエンカウンター・グループの研究であり，特に看護学生のグループ事例を取り上げることによって，そのグループ・プロセスを明確化し，ファシリテーション技法を提示しようとしたものである。
　以下では，既知集団エンカウンター・グループのグループ・プロセスおよびファシリテーションについてまとめを行いたい。

1．既知集団エンカウンター・グループのグループ・プロセス

　既知集団エンカウンター・グループのグループ・プロセスは，表3，図6，図7に示すように，仲間体験および仲間関係の発展として総括される。
　既知集団エンカウンター・グループの場合には，日常の仲間関係をエンカウンター・グループの場での「仲間体験」を通して，より新しい仲間関係へと発展させていく機会として捉えることが可能である。
　日常の仲間関係をエンカウンター・グループの場で，新しいものへと発展させていくために，まずグループに与えられた課題が，見知らぬファシリテーターの受容というプロセスであった。ファシリテーターを受容するプロセスを通して，グループ・プロセスは日常で孤立あるいは対立しているメンバーを受容するプロセスへと進展する。

そのようなグループ・プロセス（受容プロセス）においては，以下のような四つの仲間体験がみられた。
　（1）仲間に自分を出す体験［自己開示］
　（2）仲間にふれて自分をみつめる体験［自己吟味］
　（3）仲間に自分を問いかける体験［自己リスク］
　（4）仲間に自分を支えられる体験［自己受容］
　メンバーはグループ体験の場において，仲間（グループ）と自己（メンバー個人）とのやりとりの体験（仲間体験）を経験した。
　また，これらの「仲間体験」を通して形成される仲間関係としては，既知集団エンカウンター・グループでは，次の四つが展開する。
　（1）ストレンジャー（未知）を中心とした仲間関係
　　　　知らないひとと仲間になることを通して形成される人間関係
　（2）ファミリア（既知）を中心とした仲間関係
　　　　日常では顔見知りであるひとの，新たな面を発見することによって形成される人間関係
　（3）カウンター（対立）を中心とした仲間関係
　　　　対立を超えて仲間になることを通して形成される人間関係
　（4）サポート（支持）を中心とした仲間関係
　　　　仲間に支え，支えられることによって形成される人間関係

2．既知集団エンカウンター・グループのファシリテーション

　既知集団エンカウンター・グループのファシリテーションとしては，表3，図6，図7に示すように，仲間体験のファシリテーションとして，
　（1）自発性の尊重
　（2）グループの安全感の形成
　（3）自己の安心感の保護
が，ファシリテーターには求められる。また，仲間関係のファシリテーションとしては，それぞれの四つの仲間関係に対応するかたちで，以下のよう

な働きかけが指摘された。
　（1）自己開示とつなぎ，共通項の形成
　（2）主体性の発揮と個別性の尊重
　（3）受け止めとつなぎ，個人とグループの両方への働きかけ
　（4）肯定的側面の強調，メンバーの援助力の活用

第2節　今後の課題

1．仲間関係を測定する質問紙の作成と
　　グループ体験に即した概念化の試み

　本書で展開した既知集団エンカウンター・グループの仲間関係の発展を測定する質問紙を作成し，数量化を試みる。そのことを通してサポート・グループやセルフ・ヘルプ・グループなどとの比較検討が可能となるものと思われる。高松（2004）のサポート・グループとセルフ・ヘルプ・グループのための実施ガイドでは，その始め方において「今・ここで何が起きているかに注目する」，「自己表現をする」などが指摘されており，多くの共通点が散見される。
　ところで，グループ・アプローチを比較検討する場合には，当然のことながら，共通する面だけでなく，違いにも着目する必要があり，そのためには他から概念を借りてくるのではなく，グループ体験に即した概念化が求められると思われる。
　グループ体験の中で起きた現象は，出来ることならば，グループ体験から生まれた言葉で説明（概念化）するほうが適切なのではなかろうか。これまでの個人療法や集団療法から生まれた言葉（概念）で説明することも可能な面はあるが，それだけでは十分ではない。
　たとえば，本書において，「共通性（同じ）」と「差異性（違い）」をグルー

プ促進のための着目点として論じたが,「共通性(同じ)」を「同一化」という既成の言葉によって,置き換えようとすることには無理がある。というのも,グループ体験のなかでは,ひとりに対してだけ「共通性(同じ)」の現象が生起するわけではなく,複数の人に対して,同時に一つの現象が起きるからである。また,複数の人に対して共通性という一つの現象だけでなく「差異性(違い)」をも同時にグループのなかでは展開する。

したがって,今後,エンカウンター・グループ体験の整理・検討を更に進めることにより,独自の概念化を試みたい。

2. 既知集団エンカウンター・グループにおける スケープ・ゴート現象の解明

既知集団エンカウンター・グループでは,メンバーはグループから去ることが困難であるために,未知集団とは異なったかたちでのスケープ・ゴート現象(および心理的損傷)が生起することが予想される。「去ることができない」,「居続けざるをえない」グループ体験でのスケープ・ゴート現象とは,どのようなものか。

とくに日本のグループ体験では,グループ全体とメンバー個人が対立した場合に,そのメンバーがグループ体験の場を去ることは少ない。アメリカのグループではメンバーのグループからの離脱(drop out or termination)は珍しい現象ではない。

ところが日本のグループでは,「グループから去る」というかたちになるよりはグループ内の他の影響力をもつメンバーに同調するというかたちになりやすい。メンバーは,個性的な動きをすることによって,グループから攻撃されないか(スケープ・ゴートになりはしないか)という不安を持ちやすく,グループに合わせてしまう傾向が強い。したがって,グループから去ることも許されるのだという自由な雰囲気よりも,居続けなければという窮屈な雰囲気を,自分の中に感じてしまうことにもなりがちである。

第 10 章　まとめと今後の課題　　　　　　　　　　　　　　　*191*

　ところで，この「去ることが難しい」という意味では，入院患者に対する集団精神療法などのセラピー・グループ，あるいは産業界などの職場で試みられている人間関係改善のためのグループ・アプローチ，あるいは本書でも少しだけふれた家族も同様かもしれない。

　今後の課題として，それぞれのアプローチの比較検討も含めて，スケープ・ゴート現象の解明とそれに対するファシリテーターの働きかけの検討を試みたい。

3．ファシリテーターのコンビネーション（組み合わせ）に関する研究

　本研究で明らかとなったグループ・プロセスおよびファシリテーションは，あくまでもファシリテーターが単独で外部から参加した場合を想定してのものである。

　今後，複数ファシリテーターの場合，またファシリテーターが内部から参加した場合には，グループ・プロセスおよびファシリテーションは，どのような発展を示すのかの検討が，いわば各論として求められる。

　林（1988，1998）はエンカウンター・グループにおけるファシリテーター関係について，探索的研究方法を模索するとともに，精力的に研究を進めている。また，岡村・藤岡（1989）は，心理的ドロップ・アウトに際してのファシリテーションに関して，問題メンバーとしての独占家との成功事例を報告し，コ・ファシリテーションの足並みの大切さを指摘している。さらに，野島（1999）および野島ら（2002）はファシリテーター養成に「コ・ファシリテーター方式」が有効であることを指摘し，コ・ファシリテーター方式によるファシリテーター養成のためのプログラムを積極的に展開している。

　ところで，既知集団を対象に複数ファシリテーターでエンカウンター・グループを実施する場合には，筆者の経験では，ふたりとも外部からのファシリテーターであるかたちだけでなく，ひとりが外部からで，もうひとりが内部からのファシリテーターという「違い」を設定した「組み合わせ

（コンビネーション）」の問題も，既知集団エンカウンター・グループの場合には，選択肢の一つとして有効ではないかという感触をもっている。

このコンビネーションの研究は，スタッフとしてのファシリテーターの在り方を示しており，次に述べる専門職養成のための既知集団エンカウンター・グループの開発とも関連する。

4．専門職養成のための既知集団エンカウンター・グループの開発

本書では，看護師を目指す学生が対象であったが，他の専門職，特に筆者の専門である臨床心理士やスクール・カウンセラーの養成に，既知集団エンカウンター・グループの適用を試みたい。

既に述べたように，野島ら (1999, 2002, 2003) は臨床心理学を専攻する大学院生に対してエンカウンター・グループを活用しているし，また村山ら (2001) は，大学生のピア・カウンセリング的な支えあいも兼ねて，臨床教育の一環としてエンカウンター・グループを活用し，大学院生にファシリテーターの機会を提供している。ファシリテーターとしての体験報告（宮崎ら，2003）では，「ファシリテーターだけでなくメンバーみんなで支えあう」というファシリテーター論の基本的な視点を実践の中で習得するのに有効であることがわかる。

今後，社会の複雑化に伴い，人間や人間関係に関する専門職養成は時代の流れとなっていくことが予想される。このような流れの中で，既知集団エンカウンター・グループは人間や人間関係を体験学習として学ぶ機会を提供し，人間や人間関係についての理解を深めることに貢献しうると思われる。

5．学校場面での仲間づくりとしての適用

学校場面では，特に学級集団は既知集団であり，学級の仲間関係の形成・発展を促進するときに，本書で展開してきたアプローチは活用できるのではないだろうか。

新学期初めの，お互いがまだ知らない時期にだけでなく，お互いが知り合ったように思える，学年の終わりや学年が変わる時期に，むしろ実施するとよいのではないか。既知な人のなかに，未知なものを発見することが出来るからである。

また，学級の中で友人関係などの問題が発生し，そのことに関して学級で話し合いを持つときなどに，既知集団エンカウンター・グループは有効と思われる。本書でみたように，孤立や対立などの友人関係のなかで，それらを克服して信頼関係や支えあう関係を形成するための多くの手がかりを，既知集団エンカウンター・グループは与えてくれる。

さらに，安部（1984 b）は不登校の生徒の親に対するアプローチとして活用しているが，保護者や教師にとっても，人間関係を促進するための場を，既知集団エンカウンター・グループは提供するのではないだろうか。

今後，既知集団エンカウンター・グループが，学校場面で心理的成長や人間関係の発展のためのグループ・アプローチとして，どのように活用されるのか，適用のための工夫を検討したい（安部，2000 b）。

文　献

安部恒久 (1978 a)：集中的グループ経験におけるファシリテーター要因に関する研究．九州大学大学院教育学研究科博士課程特選題目論文．
安部恒久 (1978 b)：ファシリテーター体験と「自己否定」現象．九州大学教育学部心理相談室紀要, 4, 71-79.
安部恒久 (1980)：看護学校におけるグループ体験の意義．日本心理学会第44回大会発表論文集, 641.
安部恒久 (1982 a)：教育へのグループ・アプローチの展開．中村学園研究紀要, 14, 1-11.
安部恒久 (1982 b)：エンカウンター・グループにおけるファシリテーターに関する研究．中村学園研究紀要, 15, 1-15.
安部恒久 (1982 c)：私のラ・ホイヤ・プログラム参加体験．九州大学心理臨床研究, 1, 97-112.
安部恒久 (1984 a)：青年期仲間集団のファシリテーションに関する一考察．心理臨床学研究, 1 (2), 63-72.
安部恒久 (1984 b)：登校拒否児をもつ母親へのグループ・アプローチ．人間性心理学研究, 2, 1-11.
安部恒久 (1996)：エンカウンター・グループにおけるファシリテーターに関する研究（Ⅱ）―〈同じ〉と〈違い〉を鍵概念として―．中村学園研究紀要, 28, 11-18.
安部恒久 (1997)：エンカウンター・グループにおけるメンバーによるファシリテーションについて―メンバーの自発的活動の積極的評価―．福岡大学人文論叢, 29 (3), 1447-1473.
安部恒久 (1998 a)：ファミリアー・グループにおけるグループ・プロセスのファシリテーションについて―「共感的アクション」と「自分を出すこと」―．福岡大学人文論叢, 29 (4), 2255-2277.
安部恒久 (1998 b)：エンカウンター・グループにおける「共感的アクション」についての事例研究．福岡大学人文論叢, 30 (3), 1507-1524.
安部恒久 (1999)：ベーシック・エンカウンター・グループ．現代のエスプリ, 第123号, グループ・アプローチ特集号, 41-50, 至文堂．
安部恒久 (2000 a)：プロセス促進を中心としたグループ・アプローチ技法の開発．福岡大学人文論叢, 32 (3), 1543-1559.

文　献

安部恒久 (2000 b)：スクール・カウンセラーとグループ・アプローチ．現代のエスプリ別冊，臨床心理士によるスクール・カウンセラー　実際と展望，305-313，至文堂．
安部恒久 (2002 a)：既知集団を対象としたエンカウンター・グループのファシリテーション．心理臨床学研究，20 (4)，313-323．
安部恒久 (2002 b)：「つなぎ」に着目した既知集団のファシリテーション．福岡大学臨床心理学研究，1，3-8．
安部恒久 (2003 a)：ロジャース学派と高等教育．現代のエスプリ別冊，ロジャース学派の現在，210-218，至文堂．
安部恒久 (2003 b)：グループリーダーの諸問題―エンカウンター・グループのファシリテーターの立場から―．集団精神療法，19 (1)，29-33．
安部恒久・村山正治 (1978 a)：集中的グループ経験におけるグループ・プロセスに対するファシリテーターの働きかけに関する一考察．九州大学教育学部紀要（教育心理学部門），23 (1)，69-76．
安部恒久・村山正治 (1978 b)：集中的グループ経験におけるファシリテーター体験の明確化に関する研究．九州大学教育学部紀要（教育心理学部門），23 (2)，35-40．
安部恒久・村山正治・野島一彦 (1977)：体験学習による授業の試み―エンカウンター・グループ・プログラム―．九州大学教育学部紀要（教育心理学部門），22 (1)，45-52．
Ackerman, N. W. (1966)：*Treating the Troubled Family*. New York: Basic Books.
足立明久 (1977)：組織への適用―組織開発．村山正治編「エンカウンター・グループ」，福村出版，108-125．
Beck, A. P. (1974)：Phases in the development of structure in therapy and encounter groups. In Wexler, D. A. et al.(Eds.), *Innovations in Client-Centered Therapy*. New York: John Wiley & Sons.
Beck, A. P. (1981)：Developmental characteristics of the system-formation process. In Durkin, J. E. (Ed.), *Living Groups: Group Psychotherapy and General System Theory*. New York: Brunner/Mazel.
Beck, A. P., Dugo, J. M., Eng, A. M., & Lewis, C. M. (1986)：The search for phases in group development. In Leslie S. Greenberg & William M. Pinsof (Eds.), *The Psychotherapeutic Process: A Research Handbook*. New York: The Guilford Press.
Burlingame, G. M., Fuhriman, A., & Johnson, J. E. (2002)：Cohesion in Group Psychotherapy. In John C. Norcross (Ed.), *Psychotherapy Relationships That Work*. Oxford University Press.
Bynner, W. (1962)：From the Way of Life According to Lao-tzu. Capricorn

Books. (Translation)

Cain, D. J. (1990): The person-centered approach to groups. In Gerald Corey, *Theory and Practice of Group Counseling*. Pacific Grove, California: Brooks/Cole.

Gendlin, E. T. & Beebe, J. (1968): Experiential groups: Instructions for groups. In Gazda, G. M. (Ed.), *Inovation to group Psychotherapy*, Charls C. Thomas.

針塚進 (1980)：ファシリテーター体験．山形大学保健管理センター「第5回『人間関係を考える合宿セミナー』報告書 (昭和54年)」，15-16．

針塚進 (1981)：ファシリテーター体験 (その2)．山形大学保健管理センター「第6回『人間関係を考える合宿セミナー』報告書 (昭和55年)」，11-13．

針塚進 (1982)：ファシリテーター体験 (その3)．山形大学保健管理センター「第7回『人間関係を考える合宿セミナー』報告書 (昭和56年)」，12-15．

畠瀬稔 (1977)：グループの促進技法．心理療法の基礎知識．有斐閣．

畠瀬稔 (1984)：エンカウンター・グループ経験における日米比較研究．人間性心理学研究, 2, 79-97.

畠瀬稔 (1990)：エンカウンター・グループと心理的成長．創元社．

長谷川浩一・江幡健士・大久保俊夫 (1983)：既知集団を対象とした集中的グループ経験の効果に関する研究．人間性心理学研究, 1, 86-103.

林もも子 (1988)：探索的研究方法：多数事例報告データによる仮説探索―エンカウンター・グループにおけるコ・ファシリテーター関係の研究経験に基づく一考察．人間性心理学研究, 5, 44-60.

林もも子 (1989)：エンカウンター・グループの発展段階尺度の作成．心理学研究, 60(1), 45-52.

林もも子 (1998)：エンカウンター・グループ再考．集団精神療法, 14(1), 33-41.

平山栄治・中田行重・永野浩二・坂中正義 (1994)：研修型エンカウンター・グループにおける困難とファシリテーションについて考える．九州大学心理臨床研究, 13, 121-130.

平山栄治 (1998)：エンカウンター・グループと個人の心理的成長過程．風間書房．

保坂亨 (1983)：エンカウンター・グループにおけるファシリテーターの問題について．心理臨床学研究, 1(1), 30-40.

岩村聡 (1981)：グループ・ファシリテーターの自己表明について．広島大学保健管理センター編「Phoenix-Health」, 16, 99-108.

岩村聡 (1985)：エンカウンター・グループ発言カテゴリーを応用した学生グループ事例―経験者や顔見知りの多いグループ―．広島大学総合科学部学生相談室活動報告書, 9, 5-26.

岩村聡 (2000)：研究室内エンカウンター・グループの試み．広島大学学生相談室活動報告書, 25, 31-48.

文献

岩村聡・大中章 (1995)：職場内エンカウンター・グループの試み―その成功条件と開催の意義をめぐって―．広島大学総合科学部紀要，IV理系編，21，219-234．
鎌田道彦 (2003)：PCA Group の基本的視点の提案とその展開―学校現場における事例研究による検討―．東亜大学博士学位論文．
國分康孝編 (1992)：構成的エンカウンター・グループ．誠信書房．
國分康孝編 (2000)：続 構成的エンカウンター・グループ．誠信書房．
小谷英文 (1979)：集団精神療法―アメリカにおける近況と新しい潮流．九州大学教育学部心理教育相談室紀要，5，98-107．
小谷英文 (1981)：グループ抵抗 (1)―その理解と取り扱いの心理学的基礎．日本心理学会第45回大会発表論文集，653．
小谷英文 (1995)：精神分裂病を中心とした慢性的精神障害者の集団精神療法―基本的枠組みと技法基礎―．集団精神療法，11 (2)，127-136．
久保田順子 (1985)：Family-like Group における一事例研究 Group において4つの意義を体得したFさんの場合．相談学研究，18 (1)，24-32．
亀口憲治 (1992)：家族システムの心理学．北大路書房．
Lewin, K., Lippit, R., & White, R. K. (1939)：Patterns of aggressive behavior in experimentally created "social climate". *Journal of social psychology*, 10, 271-299.
Lieberman, M. A. (1990)：Understanding how groups work: A study of homogeneous peer group failures. *International Journal of Group Psychotherapy*, 40 (1), 31-52.
Lieberman, M. A., Yalom, I. D., & Miles, M. B. (1973)：*Encounter groups: First facts.* New York: Basic Books.
Minuchin, S., Lee, W., & Simon, G. M. (1996)：*Mastering Family Therapy: Journeys of Growth and Transformation.* New York: John Wiley & Sons. 亀口憲治監訳 (2000)：「ミニューチンの家族療法セミナー，心理療法家の成長とそのスーパーヴィジョン」，金剛出版．
見藤隆子 (1991)：カール・ロジャーズの看護への影響．村山正治・見藤隆子・野島一彦・渡辺忠編著「エンカウンター・グループから学ぶ」，九州大学出版会．
宮崎伸一郎 (1983)：看護学生エンカウンター・グループにおけるファシリテーションの方法に関する一考察．九州大学心理臨床研究，2，77-87．
本山智敬 (2002)：研修型エンカウンター・グループにおける参加者の自発性に重点をおいたファシリテーション．日本人間性心理学会第21回大会発表論文集，66-67．
村山正治編 (1977)：エンカウンター・グループ．講座心理療法．福村出版．
村山正治 (1992)：エンカウンター・グループと教育．ナカニシヤ出版．
村山正治 (1993)：エンカウンター・グループとコミュニティ パーソンセンタードアプローチの展開．ナカニシヤ出版．

村山正治 (1995)：パーソン・センタード・アプローチ. 山中康裕・森野礼一・村山正治編「臨床心理学1」，創元社.

村山正治・野島一彦 (1977)：エンカウンター・グループ・プロセスの発展段階. 九州大学教育学部紀要 (教育心理学部門)，21 (2)，77-84.

Murayama, S., Nojima, K., & Abe, T. (1988)：Person-centered groups in Japan: A selected review of the literatures. *Person-Centered Review*, 3 (4), 479-492.

村山正治・野島一彦・安部恒久・岩井力 (1979)：日本における集中的グループ経験の展望. 実験社会心理学研究，18 (2)，139-152.

村山正治・下川昭夫・中田行重・鎌田道彦・田中朋子 (2001)：臨床心理学の体験的教育としてのエンカウンター・グループ 大学生の対人関係の促進効果も踏まえて. 総合人間科学，1 (1)，81-91.

中田行重 (1993)：エンカウンター・グループのファシリテーションについての一考察. 心理臨床学研究，10 (3)，53-64.

中田行重 (1999)：研修型エンカウンター・グループにおけるファシリテーション─逸楽行動への対応を中心として. 人間性心理学研究，17 (1)，30-44.

中田行重 (2001 a)：研修型エンカウンター・グループにおける問題意識性を目標とするファシリテーション. 東亜大学博士学位論文.

中田行重 (2001 b)：ファシリテーターの否定的自己開示. 心理臨床学研究，19 (3)，209-219.

野島一彦 (1980)：看護学生のエンカウンター・グループに関する研究. 福岡大学人文論叢，12 (3)，635-672.

野島一彦 (1982)：看護学校におけるエンカウンター・グループの事例研究. 福岡大学人文論叢，14 (3)，695-731.

野島一彦 (1983 a)：ある Low Development Group の事例研究─看護学生のエンカウンター・グループ. 福岡大学人文論叢，14 (4)，1307-1345.

野島一彦 (1983 b)：日本における集中的グループ経験の「過程研究」展望 (上). 福岡大学人文論叢，15 (2)，389-428.

野島一彦 (1983 c)：日本における集中的グループ経験の「過程研究」展望 (下). 福岡大学人文論叢，15 (3)，759-779.

野島一彦 (1984 a)：導入期をうまく経過できなかったエンカウンター・グループの事例研究 動機づけが低い看護学生のグループ. 福岡大学人文論叢，15 (4)，1223-1261.

野島一彦 (1984 b)：ある Middle Development Group の事例研究 動機づけが低い看護学生のグループ. 福岡大学人文論叢，16 (3)，995-1032.

野島一彦 (1994)：看護学生の研修エンカウンター・グループ─Low Development Group の事例研究. 福岡大学人文論叢，25 (4)，1577-1609.

野島一彦 (1995)：Middle Development Group に関する事例研究 看護学生の研

修エンカウンター・グループ.福岡大学人文論叢,27(3),1065-1104.
野島一彦(1996):あそびが特徴的な看護学生のエンカウンター・グループ—Middle Development Groupの事例研究—.福岡大学人文論叢,27(4),1731-1772.
野島一彦(1999):グループ・アプローチへの招待.野島一彦編,現代のエスプリ385,グループ・アプローチ,至文堂,5-13.
野島一彦(2000):エンカウンター・グループのファシリテーション.ナカニシヤ出版.
野島一彦(2004):エンカウンター・グループ.日本心理臨床学会報,13,5.
岡村達也・藤岡新治(1989):エンカウンター・グループにおける心理的ドロップアウトに際してのファシリテーション—問題メンバーとしての独占家との成功事例を通して—.専修人文論文,43,27-51.
小田信太郎(1979):エンカウンター・グループによる権威に対する態度の変化について—Fスケールによる—.九州大学教育学部卒業論文.
大須賀発蔵・大須賀克己(1977):私のファシリテーター体験II.村山正治編「エンカウンター・グループ」(福村出版),第10章.
Raskin, N. J. (1986): Client-centered group psychotherapy, part I: Development of client-centered groups. *Person-Centered Review*, 1 (3), 272-290.
Rogers, C. R. (1942): *Counseling and psychotherapy*. Houghton Mifflin.
Rogers, C. R. (1951): *Client-centered therapy: Its current practice, implications, and theory*. Houghton Mifflin.
Rogers, C. R. (1957): The necessary and sufficient conditions of therapeutic personality change. *Journal of Consulting Psychology*, 21, 95-103.
Rogers, C. R. (1961): *On becoming a person*. Houghton Mifflin.
Rogers, C. R. (1968): Journey into Self. 日本・精神技術研究所(1977):「出会いへの道—あるエンカウンター・グループの記録」(映画).
Rogers, C. R. (1969): *Freedom to learn: A view of what education might become*. Charles E. Merrill.
Rogers, C. R. (1970): *Carl Rogers on Encounter Groups*. Harper & Row. 畠瀬稔・直子訳(1982):エンカウンター・グループ.創元社.
Rogers, C. R. (1974): *Education*. 95, 2, (winter). 金沢カウンセリング・グループ訳(1981):エデュケーション,関西カウンセリング・センター.
Rogers, C. R. (1980): *A Way of Being*. Boston, Houghton Mifflin Company. 畠瀬直子監訳(1984):「人間尊重の心理学」,創元社.
Rogers, C. R. (1986): A Client-centered/Person-centered Approach to Therapy. In Kirschenbaum, H. & Henderson, V. L. (Eds.), *The Carl Rogers Reader*. 伊東博・村山正治監訳(2001):「ロジャーズ選集」,誠信書房.
Rogers, C. R. (1987): The underling theory: Drawn from experience with

individuals and groups. *Counseling and Values*, 32 (1), 38-45.
Rogers, C. R. & Freiberg, J. H. (1994): Freedom to Learn (3rd). New York: Merrill.
佐治守夫 (1983): クライエント中心療法の理論的・実践的な展開. 佐治守夫編著「クライエント中心療法」, 第7章, 有斐閣.
坂中正義 (2001): ベーシック・エンカウンター・グループにおけるC. R. Rogersの3条件の測定 関係認知の視点から. 心理臨床学研究, 19 (5), 466-476.
坂中正義・村山正治 (1994): 日本におけるエンカウンター・グループ研究の展望. 九州大学教育学部紀要 (教育心理学部門), 38 (2), 143-153.
茂田みちえ・村山正治 (1978): エンカウンター・グループにおける人格変化とファシリテーター態度の関係. 九州大学教育学部紀要, 23 (1), 55-60.
下田節夫 (1988): エンカウンター・グループの「構造」について「リーダーシップの分散」の実現を支えるもの. 神奈川大学心理・教育研究論集, 6, 46-64.
末広晃二 (1981): 学生グループ参加体験の特質. 佐治守夫・村上英治・福井康之編「グループ・アプローチの展開」, 第4章, 誠信書房.
高橋紀子 (2003): いじめの構造がみられた看護学生の研修型ベーシック・エンカウンター・グループ. 九州大学心理臨床研究, 22, 125-132.
高松里 (2004): セルフヘルプ・グループとサポート・グループ実施ガイド. 金剛出版.
Toker, E. (1972): The Scapegoat as an essential group phenomenon. *International Journal of Group Psychotherapy*, 22 (3), 320-331.
都留春夫 (1972): わたしのグループ体験. 日本カウンセリング協会.
都留春夫 (1977): 私のファシリテーター体験 I. 村山正治編「エンカウンター・グループ」, 第9章, 福村出版.
内田和夫・野島一彦 (2003): ベーシック・エンカウンター・グループのファシリテーター養成における「コ・ファシリテーター方式」の意義 ―「ちがい」に着目して. 九州大学心理学研究, 4, 75-81.
Verhest, P. (1995) (池見陽訳): パール・フェルヘスト: エンカウンター・グループにおける3次元の共感的応答. 人間性心理学研究, 13 (2), 286-293.
Wood, J. K. (1982): Person-centered group therapy. In G. Gazda (Ed.), *Basic Approaches to Group Psychotherapy and Group Counseling* (3rd ed.). Springfield, IL: Charles C. Thomas.
Yalom, I. D. (1975): *The Theory and Practice of Group Psychotherapy*. New York: Basic Books.
Yalom, I. D. (1995): *The Theory and Practice of Group Psychotherapy* (4th ed.). New York: Basic Books.
山口勝弘・穂積登 (1976): 大学生の集中的グループ体験学習のあり方について―学生グループの特徴とスタッフのあり方. 日本心理学会第40回大会発表論文集,

1079-1080.

山村容子 (2004)：高校生へのベーシック・エンカウンター・グループ適用に関する研究. 福岡大学修士学位論文.

Zuk, G. (1969)：The side-taking function in family therapy. *American Journal of Orthopsychiatry*, 38, 553-559.

あ と が き

　本書は，私が九州大学人間環境学府に提出した博士論文をもとに，一部修正加筆して作成したものである。

　私とグループ・アプローチとの関わりは，すでに30年を超えようとしている。最初にグループ・アプローチに興味をもったのは，1970年に成瀬悟策先生（九州大学名誉教授）が主催されていた脳性まひの子どもたちの療育キャンプに参加させていただいた学部2年生のときであった。療育キャンプでは，夜に子どもたちのTグループと称された集まりを先輩方が行っておられたし，昼間には集団活動というレクリエーションの時間が設定されていた。このTグループや集団活動の時間を，同期生の丸山千秋氏（青山学院大学教授）らと担当させていただき，子どもたちの泣き笑いにふれたことが，私のグループ・アプローチの原点である。
　成瀬悟策先生を始め，療育キャンプで寝食を共にした皆さんに感謝申し上げます。

　ところで，子どもたちと療育キャンプで接するにつれ，もう少しグループ・アプローチについて勉強してみたいという欲求が生まれたものの，将来についてはどうしたものか迷っていた。まだ，「臨床心理士」などという資格もないし「スクール・カウンセラー」などという職業もない頃の話である。
　ところが，幸いなことに，Rogers博士のもとに留学されていた村山正治先生（九州大学名誉教授）が米国留学から帰国され，九州大学教育学部に教養部から移って来られた。村山先生は，その当時，教養部でカウンセラー

をされていて,「合宿ゼミ」というエンカウンター・グループと同様の試みを行われており,教養部の学生の間では評判の先生であった。私は,残念ながら,この合宿ゼミに参加する機会がないまま教養部を通過したが,大学院において村山先生からエンカウンター・グループについて学ぶ機会を得ることができたのは,本当に幸運な巡り合せであった。

村山先生には,教官と院生という狭い関係のなかに私を縛ることなく,私に最大限の自由を与えていただいた。遅々とした歩みの私を,いつも忍耐強く見守っていただき,尚子夫人をはじめ御家族のみなさんとも接する機会を与えていただいた。深く御礼申し上げます。

また,今や日本のエンカウンター・グループ研究をリードするミスター・エンカウンター・グループである野島一彦先生(九州大学大学院教授)と親しく接する機会を得たのも,これまた私には好運であった。野島先生には,院生時代から良き先輩として,エンカウンター・グループのファシリテーターとして御一緒させていただき,まさにライブ・スーパービジョンを受ける機会をいただいた。野島先生には,学位論文の窓口教員を務めていただいただけでなく,学位論文作成という長い道中で,とぎれがちになる私の心的エネルギーを上手に支えていただいた。私が,このようなかたちで自分のエンカウンター・グループ論を一書にまとめることが出来たのも,野島先生の適確な支援があってのことである。心より感謝申し上げます。

さらにグループ・アプローチであるエンカウンター・グループを学ぶ私にとって有り難かったのは,個人療法(精神分析)の大御所である前田重治先生(九州大学名誉教授)の存在であった。前田先生は,大御所という言葉がもつ響きとは異なり,温かで寛容な先生であり,個人療法とグループ・アプローチが,九州大学の心理教育相談室(現・総合臨床心理センター)で,あるいは私の中で,反目することなく共存し発展するのを,程よい距離をもって見守っていただいたように思う。本当に有り難うございました。

あとがき

振り返ってみて，このように，私にとって九州大学で学ぶことが出来たことは，本当に幸せなことだった。九州大学でなければ，私はつぶれていたにちがいない。九州大学には，その場にいるものを仲間として迎え，仲間として共に切磋琢磨する風土があるように思う。このことは，本書で展開した私の「仲間関係形成としてのエンカウンター・グループ論」にも強く影響している。

論文審査の労をおとりいただいた大野博之，針塚　進，古川久敬の各先生をはじめ，まだすべてのご意見にお答えすることが出来ていませんが，貴重なご意見をいただいた九州大学人間環境学府の先生方に感謝申し上げます。

また，有益なアイデアやコメントをいただいた，伊藤弥生（九州産業大学），内田和夫（若久病院），吉良安之（九州大学），坂中正義（福岡教育大学），高松　里（九州大学），田村隆一（福岡大学），中田行重（関西大学），平山栄治（青山学院大学）の先生方に，感謝申し上げます。高山和雄先生（前・筑紫女学園大学教授）には，福岡市教育センターでのグループ・アプローチ実践の機会をいただいた。ありがとうございました。

さらに，福岡大学大学院，九州大学大学院，明治学院大学大学院，鹿児島大学大学院の皆さんからは，セミナーや集中講義における討論の過程で，多くのことを学ばせていただいた。集中講義の縁をつくっていただいた清水良三教授（明治学院大学大学院），山中　寛教授（鹿児島大学大学院）に感謝申し上げます。

福岡人間関係研究会をはじめ，多くのグループ体験の場で出会ったメンバー，ファシリテーター，スタッフにも感謝申し上げます。とくに，ラホイヤ・プログラムの同じメンバーであった浪原　勉・周子御夫妻（シカゴ在住）には多くの友情と支援をいただいた。ありがとうございました。

なお，同僚の林　幹男，皿田洋子，田村隆一の諸先生，また大学院生の

諸君には，大変，お世話になりました。立ち上げたばかりの福岡大学大学院および福岡大学臨床心理センターの活動を，仲間として，一緒に右往左往するなかで，本書が完成したことを，一つの縁として感謝したいと思います。福岡大学では，本当に仲間感に満ちた時間を体験させていただいた。記して感謝申し上げます。

　最後に，妻・順子とふたりの子どもたち恒明と祥矢，そして両親にも感謝したい。家族ならではの理解と協力が，本書の執筆を強力に推進した。ありがとう。

　出版にあたっては，九州大学出版会の藤木雅幸氏と尾石理恵さんにお世話になりました。心より御礼申し上げます。

　本書の出版に際しては，平成17年度福岡大学学位論文出版助成の交付を受けたことを記して，謝意を表したい。

事項索引
(五十音順)

あ

「愛想のない」メンバー　51
「間（あいだ）」に入り　164
アウトサイダーとしてのファシリテーター　111
「あえて口を挟むことを躊躇（ためら）う」体験　68
あえて少数派に与する行動　165
あえて味方する side-taker 行動　165
アクション　43, 181
遊びが頻出する　11
遊び疲れ　180
「圧倒される」ファシリテーター　53

い

居心地 (a way of presence)　167
いじめの構造　11
「板挟み」のつらさ　76
「一緒に」行動する　159
「一緒に楽しむ」ファシリテーター　56
逸楽行動　9, 11, 43
インサイダーとしてのファシリテーター　111, 185

う

受けいれられたファシリテーター　105
「受け止め」と「つなぎ」　82, 189
「内から問いかけるひと」としてのファシリテーター　68
「打ち解けてきた」ファシリテーター　49

お

おとなになるための条件の検討　151
「同じメンバーになった」ファシリテーター　57
おみやげ作り　172

か

カウンター（対立）を中心とした仲間関係　188
顔は知っているが，あまり話したことがない　157
拡散性（逃避）のアクション　181
学生中心の授業（student-centered teaching）　8
学級の仲間関係の形成　192
学校現場での人間性教育　7
学校場面での仲間づくりとしての適用　192
「加入」および「共存」のプロセス　iii
関係 (relation) という視点　166
看護学生のエンカウンター・グループ体験の意義　9
看護師としてのアイデンティティの試し　151
「看護」そのものについて考える余裕がない　19

き

規制やルールなどに対する束縛感が強い　19
既知集団エンカウンター・グループのグループ・プロセスの公式化　137, 187
既知集団エンカウンター・グループの試

み

既知集団エンカウンター・グループの問題点 11
既知集団におけるファシリテーターの自己開示 41
境界膜 85
共感的理解 2, 83, 159
共感的理解と自己一致 159
競技性（闘争）のゲーム 181
凝集性 71
共存感不在体験 68
共通項（共通性）形成 42, 132, 189
共通項（共通性）形成の失敗 34
共通項の形成とみんな意識への働きかけ 158
共通性と差異性 126, 144
拒絶から仲間のひとりとして 109

く

クライエント・センタード・セラピー（Client-Centered Therapy） 1, 2, 84
クラスへの適応尺度 15
グループ（みんな意識） 63
グループ・プロセスの特徴 26
グループ・プロセスの特徴とエンカウンター・グループの発展 149
グループからの安全感 96
グループからの安全感と自己の安心感 87
グループセッションのための基本原則 71
グループ全体に焦点を当てたアプローチ 13
グループ体験に即した概念化 189
グループ体験の日常への「つなぎ」 172
グループ体験の目標の特徴 25
グループ体験への嫌悪感や心理的損傷 168
グループ体験への動機づけ 167
グループと一緒に居る感じ 110
グループに加われている感じ 110
グループに問いかけること 63, 69
グループに解け込み 155
グループに入れないファシリテーター 102
グループに入ろうと試みるファシリテーター 105
グループによる共感 77
グループによるファシリテーター受容の非典型事例 101
グループによるファシリテーター受容プロセス 26, 76
グループによるファシリテーター受容プロセスの影響が大きい 148
グループによるメンバー個人の受容プロセス 78
グループによるメンバー受容 75
グループの安全感の形成 109, 188
グループの「内から」の問いかけ 65
グループの課題 138
グループの構造 137
グループの「饒舌」 70
グループの心理的エネルギーの見立て 181
グループの性質（構造・発展） 85
グループの促進機能 85
グループの「外から」の問いかけ 64
グループの流れづくり 5
グループの目標（同一性）の模索 34, 36

け

「傾聴する」ファシリテーター 47
ゲーム 39, 181
ゲームを通してグループへの加入 37
権威のなかに隠れる 159

こ

コ・ファシリテーター方式　9, 191
構造的家族療法　85
肯定的側面の強調　98, 165, 189
高展開グループ　76
個から集団へ　23
個人とグループの両方への働きかけ　84, 189
ことばの花束　172
個別性（違い）の尊重　71, 189
「今後も一緒にやっていける自信ができた」メンバー　57

さ

差異性　61
サポート（支持）を中心とした仲間関係　188
参加動機の違いの明確化　102

し

ジェネラル・エンカウンター・グループ　127
自己一致（congruence）　2, 5, 69, 83, 159
自己開示（self-disclosure）　4
自己開示が困難　10
自己開示と「つなぎ」　41, 189
自己危機感の作動　97
自己の否定的側面に敏感　165
自己への安心感　97, 125, 188
自発性の尊重　188
自発的活動が参加意欲の低いメンバーに与える影響　153
自分そのものが不在な　155
「自分で動いてみる」体験　152
「自分で動く」体験　155
「自分」に関連づけたゲームの準備　180
「自分を知らせる」ファシリテーター　46

自分を出すこと　61
「自分を出す」体験とグループ体験の持続性　154
「自分を出す」ための予行演習　40
「自分を出す」ファシリテーター　55
自分をわかってもらう体験　25
「指名」による関係性の危機　96
宗教改革　132
集団から個へ　24
「主人公にもどった」メンバー　56
主体性の発揮　69, 189
純粋性（genuiness）　69
触媒としての意味（意義）　149
職場内エンカウンター・グループ　10
「知らせる」メンバー　47
震源地・たたかれました　37
身体感覚（「疲れた」感じ）　180
侵入される不安　158
心理的エネルギーの回復（充電）　182
心理的ドロップ・アウト　191

す

スケープ・ゴート（孤立や対立）　75
スケープ・ゴート（仲間外れ）　164
スケープ・ゴート現象の特徴　35
スケープ・ゴート現象の解明　158
スケープ・ゴート構造　ii, 15
ストレンジャーとしてのファシリテーター　183
ストレンジャー（未知）を中心とした仲間関係　188
scapegoat leader　36

せ

性急にメンバー化する　157
「セッション」と「セッション」をつなぐ　175
「前回のグループ体験」と「今回のグループ体験」をつなぐ　146
専門職養成のための既知集団エンカウン

ター・グループ　192
専門職養成のための体験学習　8

そ

促進のための手がかり　110
外と内からの「差異性（違い）」の指摘　66
存在（presence）　166

た

退却しているメンバーの事例　87
対立しているメンバーの事例　75
試しとしてのゲーム　40
「試す」メンバー　46

ち

小さな変化　171，172
「違い（個別性）」　62
違い（個別性）への働きかけ　iv
「違い」を持ったメンバーとしてのファシリテーター　160
直観（intuition）　166

つ

「つなぐ」ファシリテーター　48
強い恐れと不安　102

て

出会い（Encounter）　1
「出会い」の構造の特徴　23
停滞と速すぎに対する介入　6
敵対する（antagonistic）グループ　149
徹夜となった事例　101

と

「問い返す」メンバー　54
問いかける　131
「問いかける」ファシリテーター　54
動機づけが低い　11

導入期での働きかけ　26
当惑・模索　32
「途切れそうになる」メンバー　48
解け込み　59

な

仲間意識の確認のために　167
仲間関係促進のためのゲームの用い方　178
仲間関係のためのファシリテーション　156
仲間関係の発展　146
仲間関係の発展を促進　15
仲間関係のファシリテーション　145
仲間関係の見直しと親密感の増大　151
仲間関係を促進するゲームの選択　178
仲間体験と仲間関係のためのファシリテーション技法　139
仲間体験と仲間関係の発展　112
仲間体験のためのファシリテーション　151
仲間体験のファシリテーション　145
「仲間という気がしてきた」メンバー　49
仲間同士の対立　129
仲間に自分を支えられる体験　81，188
仲間に自分を支えられる体験［自己受容］　116，123
仲間に自分を出す体験［自己開示］　112，120，188
仲間に自分を問いかける体験　80，115，123，188
仲間に自分をわかってもらう体験　25
「仲間に入る」加入プロセス　59
仲間にふれて自分をみつめる体験［自己吟味］　114，122，188
「仲間のひとりになる」共存プロセス　61
仲間への信頼感　100，172
なんとか話すNさん　88

事項索引　　　　　　　　　　　　　　　　211

に

「日常とは異なった」仲間関係　149
日常とは違った仲間関係の形成　25
日常において「自発性」を発揮する場面が少ない　18
日常の関係や話題がグループ体験の場に持ち込まれる　12, 26
日常の仲間関係に苦労している　18
日常の人間関係　12
日常の人間関係と今・ここでのグループ体験を「つなぐ」　156
人間中心のグループ・リーダーシップ　7

は

「入り込む（解け込む）」ファシリテーター　51
パーソン・センタード・グループ・アプローチ　150
話さない（沈黙する）Nさん　92

ひ

ピア・カウンセリング的な支えあい　192
比較文化的観点　150
引き受けるプロセス　100
「引きこもる」メンバー　55
否定的感情の表明　36
「否定的感情の表明」（段階Ⅲ）が顕著ではない　147
否定的感情への直面　33
否定的自己開示　5, 9
人と人との関係における「同じ」　132
ひとりの人として（as a person）　133
ひとり二役の自己開示　ⅲ
PCA Group　15

ふ

ファシリテーションシップの共有化　4
ファシリテーションの体系化　6
ファシリテーションの着目点　126, 144
ファシリテーター（ファシリテーション）の特徴　26
ファシリテーター・スケープ・ゴート構造　11
ファシリテーターが仲間のひとりとして受けいれられた事例　45
ファシリテーター加入のためのファシリテーション　156
ファシリテーター加入プロセス　31, 39, 45, 46
ファシリテーターからフィードバック　172
ファシリテーターからのフィードバックの提案　106
ファシリテーター共存のためのファシリテーション　160
ファシリテーター共存プロセス　45, 52
ファシリテーター受容が無理なく進んだ事例　112
ファシリテーター受容プロセスからメンバー受容プロセスへ　112
「ファシリテーター」と「教員」をつなぐ　177
ファシリテーターとグループの間の「共通性（同じ）」　131
ファシリテーターとグループの間の「差異性（違い）」　129
ファシリテーターとしての二重性　161
ファシリテーターとメンバーの対立　104
ファシリテーターの加入・共存・退出プロセス　184
ファシリテーターの加入プロセスにおけるファシリテーション　41
ファシリテーターのグループからの「退出プロセス」　183
ファシリテーターのコンビネーション（組み合わせ）　191

ファシリテーターの自己表明　4, 67
ファシリテーターのスケープ・ゴート　31
ファシリテーターの中立性　10
ファシリテーターの「つなぐ」働きかけ　177
ファシリテーターの特徴　1
ファシリテーターの仲間感　110, 132
ファシリテーターはいったんグループの仲間関係から出る　162
ファシリテーターは少数（派）の味方になる　164
ファシリテーターへの依存・期待　129
ファシリテーターもメンバーのひとりである　132
ファシリテーターを受容するプロセス　27
ファミリア（既知）を中心とした仲間関係　188
不安が高い　11
フィードバックが「入らない（通じない）」　169
フィードバックの前提（原則）　99
フィードバックを受け止めることの困難さ　168
フィードバックを引き受けること　167
フォーカシングの視点　15
二つの自己の意識化　161
二つの視点　68
二つの自分　85
不登校の生徒の親に対するアプローチ　193
プロセスの集中性　5
文化形成（culture building）　79

へ

ベーシック・エンカウンター・グループ（Basic Encounter Group）　1

ほ

母国語（中国語，韓国語）によるエンカウンター・グループ方式　150

ま

まとめセッションの実施　172

み

未知集団エンカウンター・グループの発展　1
未知集団エンカウンター・グループの発展段階との比較　146
未知集団を対象としたエンカウンター・グループ　13
みんな意識　11, 71, 131
「みんなをのせよう」とする行動　153
「みんなを観ている」ファシリテーター　52

む

無条件の積極的関心（unconditional positive regard）　2, 83, 159
村山・野島（1977）の発展段階仮説　5, 14, 32, 76
無理のない自己開示　39

め

メンバー加入のためのファシリテーション　162
メンバー加入プロセス　75
メンバー加入プロセスにおけるファシリテーション　82
メンバー間の仲介　82
メンバー共存のためのファシリテーション　165
メンバー共存プロセス　87
メンバー共存プロセスにおけるファシリテーション　98
メンバー個人に焦点を当てたアプローチ

13
メンバー個人の保護　71，98
メンバー個人を受容するプロセス　27
メンバー相互のフィードバック　108
メンバーとメンバーの間の「共通性（同じ）」　127
メンバーとメンバーの間の「差異性（違い）」　128
メンバーになる　3
メンバーの援助力の活用　99，165，189
メンバーの個別性（差異性）　131
メンバーの自発性　151
メンバーの自発性の意義　152
メンバーの仲間体験　144
メンバーのファシリテーター体験　138

も

「模索する」メンバー　41
「盛り上がる」メンバー　53
問題意識性　9，15

や

柔らかさ（flexible roles）　43

ゆ

universality　128

よ

「溶解」していく感じ　158
「横」に一緒に居る感じ　163

り

リーダーシップの共有　3
リーダーシップの分散　2
離脱（drop out or termination）　158

ろ

老子のリーダー論　166
Rogers の presence の概念　165

人名索引
(アルファベット順)

A

安部恒久　2-4, 7-12, 15, 26, 34, 43, 60, 83, 99, 150, 151, 153, 157, 161, 176, 193
Abe, T.　150
安部恒久・村山正治　4, 96
安部恒久・村山正治・野島一彦　8, 10, 99, 168
Ackerman, N. W.　84
足立明久　9

B

Beck, A. P.　3, 36, 44, 131
Beck, A. P., et al.　3
Beebe, J.　71
Burlingame, G. M., Fuhriman, A., & Johnson, J. E.　180
Bynner, W.　166

C

Cain, D. J.　2

F

Farson, R.　3
Fuhriman, A.　180
藤岡新治　191

G

Gendlin, E. T. & Beebe, J.　71

H

針塚　進　159
長谷川浩一・江幡健士・大久保俊夫　8, 10, 12, 14, 40
畠瀬　稔　4, 13, 85, 150, 159
林もも子　23, 191
平山栄治　2, 4, 11, 13, 23
平山ら　10, 11
保坂　亨　166

I

岩村　聡　4, 10, 14, 67, 75, 147, 158
岩村　聡・大中　章　10

J

Johnson, J. E.　180

K

鎌田道彦　15, 178
亀口憲治　84
国分康孝　81
小谷英文　6, 128
久保田順子　9

L

Lee, W.　84
Lewin, K.　3
Lewin, K., Lippit, R., & White, R. K.　3
Lieberman, M. A.　12, 40
Lieberman, M. A., Yalom, I. D., & Miles, M. B.　40
Lippit, R.　3
Luther, M.　133

M

Miles, M. B.　40

Minuchin, S. 84
Minuchin, S., Lee, W., & Simon, G. M. 84
見藤隆子 8
宮崎伸一郎 172
本山智敬 152, 153
村山正治 2, 5, 7, 13, 33,
村山正治ら 2, 9, 192
村山正治・野島一彦 5, 14, 23, 32, 35, 75, 146
Murayama, S., Nojima, K., & Abe, T. 150

N

中田行重 5, 9, 11, 15, 40, 43, 153
野島一彦 2-6, 9-11, 14, 23, 35, 43, 85, 99, 147, 150, 151, 153, 168, 172, 191
Nojima, K. 150
野島一彦ら 192

O

小田信太郎 3
岡村達也 191
大中 章 10

R

Raskin, N. J. 2, 23
Rogers, C. R. 1-4, 7, 8, 13, 23, 69, 129, 133, 148, 150, 159, 165, 166
Rogers, C. R. & Freiberg, J. H. 8
老子 166

S

佐治守夫 162
坂中正義 2
坂中正義・村山正治 2
茂田みちえ・村山正治 159
下田節夫 3
Simon, G. M. 84

T

高橋紀子 11, 75
高松 里 189
Toker, E. 131
都留春夫 70, 83

U

内田和夫・野島一彦 9

V

Verhest, P. 2, 40, 160

W

White, R. K. 3
Wood, J. K. 2

Y

Yalom, I. D. 40, 128, 179
山口勝弘・穂積 登 4, 83
山村容子 8

Z

Zuk, G. 165

著者紹介
安部 恒久（ABE　Tsunehisa）

1949年生まれ
1973年　九州大学教育学部卒業
1978年　Rogers博士らが主催するラホイヤ・プログラム（17日間，カリフォルニア大学サンディエゴ校）に参加
1979年　九州大学大学院教育学研究科博士課程単位取得退学
1988年　第1回来談者中心療法及び体験過程療法国際会議（ルーヴァンカソリック大学，ベルギー）に参加
1993年　米国ハワイ大学教育学部カウンセラー教育学科客員研究員（1年間）
2004年　博士（人間環境学）学位取得・九州大学
現　在　福岡大学人文学部および大学院人文科学研究科教育・臨床心理専攻教授，前・福岡大学臨床心理センター長（臨床心理士）
（2006年4月より鹿児島大学大学院教授（臨床心理学専攻）として着任予定）
（主な著書）
『グループ・アプローチの展開』（共著）　誠信書房　1981年
『スクール・カウンセラー　その理論と展望』（共著）　ミネルヴァ書房　1995年
『グループ・アプローチ』（共著）　現代のエスプリ　至文堂　1999年
『臨床心理士によるスクール・カウンセラー　実際と展望』（共著）　現代のエスプリ別冊　至文堂　2000年
『ロジャーズ学派の現在』（共著）　現代のエスプリ別冊　至文堂　2003年

エンカウンター・グループ
――仲間関係のファシリテーション――

2006年3月20日 初版発行

著　者　安　部　恒　久

発行者　谷　　隆　一　郎

発行所　（財）九州大学出版会
　　　　〒812-0053 福岡市東区箱崎7-1-146
　　　　　　　　　　九州大学構内
　　　　電話 092-641-0515（直通）
　　　　振替 01710-6-3677
印刷／㈲レーザーメイト・㈲城島印刷　製本／篠原製本㈱

©Tsunehisa ABE　2006 Printed in Japan　ISBN4-87378-905-2

主体感覚とその賦活化 ── 体験過程療法からの出発と展開 ──
吉良安之　　　　　　　　　　　　　　A 5 判・200 頁・3,400 円

ジェンドリンの体験過程療法から出発して，心理療法における体験の変化について独自の理論と技法を展開する。心理療法の過程でのクライエントとセラピスト双方の主体感覚の変遷に注目し，その賦活化に焦点をあてた理論・技法を，従来の体験過程療法よりも広い範囲に適用可能なものとして提案する。

ヒューマニティー ── 新たな深まりと広がりを求めて ──
村山正治 編　　　　　　　　　　　　A 5 判・152 頁・1,500 円

日本人間性心理学会は，1982 年の発足以来，人間性とは何かを理解する真の心理学をめぐって討論を重ねてきた。本書は 1992 年の第 10 回大会の講演，対談，方法論セミナーの記録を編集したものである。

三角形イメージ体験法に関する臨床心理学的研究 ── その創案と展開 ──
藤原勝紀　　　　　　　　　　　　　　B 5 判・300 頁・7,500 円

本書は，オリジナルなイメージ技法の開発と展開に関する研究成果の集大成である。はじめ「何の変哲もない三角形」が，この技法を通じて次第に「治療的に意味のある象徴的な三角形」になっていくイメージ体験の過程が多くの臨床的事実から例証されている。

心理学〔原著第 5 版〕
── 実験導入後の心理学における基本仮定の発展 ──
W. メッツガー／大村敏輔 訳　　　　　B 5 判・550 頁・14,000 円

本書は『視覚の法則』と並ぶメッツガーの主著であり，ゲシュタルト心理学の今世紀最大の理論的遺産である。物理世界と精神世界とを「同一物の二景」とみなす彼の所論は精神物理学（心身問題）の核心にふれるものであり，現在の心理学のみならず，精神分析学やエソロジーなどの隣接諸科学に対しても貴重な知見を提供する。

Functions and Structure of *Amae*
Personality-Social, Cognitive, and Cultural Psychological Approaches

加藤和生　　　　　　　　　　　　　　菊判・260 頁・6,400 円

「甘え」に関して実証心理学の観点から理論的・実証的に解明した最初の書。「甘え」の良い面と悪い面，対人相互作用過程などの質的分析を通して，その構造と機能を明らかにする。

（表示価格は税別）　　　　　　　　　　　　　　　九州大学出版会刊